Mathefreunde 4

Arbeitsbuch Inklusion | Teil A

Herausgegeben von
Edmund Wallis, Leipzig

Erarbeitet von
Petra Franz, Erfurt
Patricia Reichard, Rostock
Edmund Wallis, Leipzig
Silvia Weisse, Bad Düben

VOLK UND WISSEN

Mathefreunde 4

Arbeitsbuch Inklusion | Teil A

Herausgegeben von
Edmund Wallis, Leipzig

Erarbeitet von
Petra Franz, Erfurt; Patricia Reichard, Rostock; Edmund Wallis, Leipzig; Silvia Weisse, Bad Düben

Redaktion: Hans Huschens
Illustration: Judith Ganter; Uta Bettzieche (Hunde)
Umschlaggestaltung und Layout: tritopp, Berlin, Daniel Müller (Illustration)
technische Umsetzung und Layout: Cornelia Gründer, Corngreen GmbH, Leipzig

www.vwv.de

1. Auflage, 1. Druck 2017

Alle Drucke dieser Auflage sind inhaltlich unverändert
und können im Unterricht nebeneinander verwendet werden.

© 2017 Cornelsen Verlag GmbH, Berlin

Das Werk und seine Teile sind urheberrechtlich geschützt.
Jede Nutzung in anderen als den gesetzlich zugelassenen Fällen
bedarf der vorherigen schriftlichen Einwilligung des Verlages.
Hinweis zu den §§ 46, 52a UrhG: Weder das Werk noch seine Teile dürfen ohne
eine solche Einwilligung eingescannt und in ein Netzwerk eingestellt oder sonst
öffentlich zugänglich gemacht werden.
Dies gilt auch für Intranets von Schulen und sonstigen Bildungseinrichtungen.

Druck: Firmengruppe APPL, aprinta Druck, Wemding

ISBN 978-3-06-083739-7 (Paket mit den Teilen A und B)

Inhalt

Rechnen bis 100
Addieren 4
Subtrahieren 6
Addieren und Subtrahieren 8
Multiplizieren 10
Dividieren 12
Multiplizieren und Dividieren 14
Sachaufgaben – Schrittfolge zum Lösen . 16

Die Zahlen bis 1000
Die Hunderterzahlen 18
Die Zehnerzahlen 20
Alle Zahlen bis 1000 22
Zahlen vergleichen und ordnen 26

Größen
Geldwerte bis 500 € 28
Geldbeträge in Kommaschreibweise 32

Addieren und Subtrahieren bis 1000 – mündliches Rechnen
Addieren und Subtrahieren mit Hunderterzahlen 34
Addieren mit Zehnerzahlen 38
Subtrahieren mit Zehnerzahlen 40
Addieren mit dreistelligen Zahlen und Zehnerzahlen 42
Subtrahieren mit dreistelligen Zahlen und Zehnerzahlen 44
Addieren und Subtrahieren von Zehnern – Hunderterübergang 46
Addieren einstelliger Zahlen zu dreistelligen Zahlen 50
Subtrahieren einstelliger Zahlen von dreistelligen Zahlen 52
Addieren zweistelliger Zahlen zu dreistelligen Zahlen 54
Subtrahieren zweistelliger Zahlen von dreistelligen Zahlen 56
Addieren und Subtrahieren 58

Kann ich das schon? 60

Geometrie
Parallelen – Senkrechte – rechter Winkel   62

Größen
Meter – Zentimeter – Millimeter 66
Längenangaben in Kommaschreibweise . 70

Addieren und Subtrahieren bis 1000 – halbschriftliches Rechnen
Addieren zweistelliger Zahlen ohne Überschreiten des Hunderters 72
Addieren zweistelliger Zahlen mit Überschreiten des Hunderters 73
Subtrahieren zweistelliger Zahlen ohne Überschreiten des Hunderters 74
Subtrahieren zweistelliger Zahlen mit Überschreiten des Hunderters 75
Addieren dreistelliger Zahlen ohne Überschreiten des Hunderters 76
Addieren dreistelliger Zahlen mit Überschreiten des Hunderters 78
Subtrahieren dreistelliger Zahlen ohne Überschreiten des Hunderters 80
Subtrahieren dreistelliger Zahlen mit Überschreiten des Hunderters 82
Addieren und Subtrahieren 83

Kann ich das schon? 86

Größen
Kilometer 88

An den Symbolen kannst du erkennen, worum es gerade geht.

Zahlen und Operationen $-\atop:+$

Größen und Messen

Geometrie

Daten, Häufigkeit und Wahrscheinlichkeit ||||

Die Aufgaben sind so nummeriert: [1]

Auf den Zetteln findest du die Lösungen: 0 1

Merkkasten **MERKE DIR**

Freundeaufgaben

Addieren

1 a) Finde zur Aufgabe das Ergebnis.

| 30 + 2 | 60 + 7 | 40 + 5 | 90 + 9 | 70 + 8 | 0 + 55 |

| 99 | 32 | 67 | 45 | 55 | 78 |

b)

| 14 + 6 | 22 + 4 | 41 + 6 | 73 + 5 | 94 + 5 | 100 + 0 |

| 26 | 47 | 78 | 99 | 100 | 20 |

2 a) 22 + 8 = ▢ b) 35 + 5 = ▢ c) 61 + 9 = ▢ | 60 80 30 100 |
   56 + 4 = ▢   47 + 3 = ▢   28 + 2 = ▢
   73 + 7 = ▢   88 + 2 = ▢   44 + 6 = ▢ | 70 90 40 50 |
   94 + 6 = ▢   63 + 7 = ▢   92 + 8 = ▢ | 100 70 30 50 |

3 a) 14 + 7 = ▢ b) 49 + 4 = ▢ c) 58 + 5 = ▢ | 24 22 23 21 |
   19 + 5 = ▢   28 + 6 = ▢   63 + 8 = ▢
   17 + 6 = ▢   33 + 8 = ▢   75 + 8 = ▢ | 46 34 41 53 |
   15 + 7 = ▢   37 + 9 = ▢   84 + 7 = ▢ | 91 83 63 71 |

4 Schreibe die Aufgabe in Geheimschrift.

42 + 25 = ▢   37 + 12 = ▢   25 + 34 = ▢

44 + 55 = ▢   58 + 11 = ▢   61 + 26 = ▢

1: Ergebnisse zuordnen.   2: Addieren bis zum Zehner mit Selbstkontrolle.   3: Addieren mit Überschreiten des Zehners mit Selbstkontrolle.
4: Addieren der zweistelligen Zahl ohne Überschreiten.

1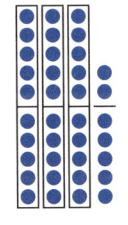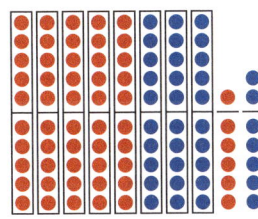

56 + 37

56 + 37
56 + 30 =
86 + 7 =
56 + 37 =

Rechne so:

1. Zerlege die zweite Zahl in Zehner und Einer.
2. Addiere erst den Zehner, dann den Einer.

2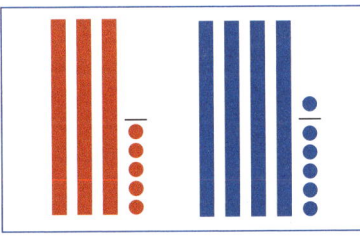

35 + 46
35 + 40 =
___ + 6 =
35 + 46 =

69 + 18
69 + ___ = ___
___ + ___ = ___
___ + ___ = ___

58 + 35
58 + ___ = ___
___ + ___ = ___
___ + ___ = ___

3

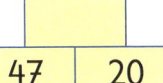
| 47 | 20 |

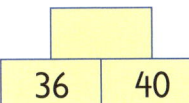
| 36 | 40 |

| 25 | 30 |

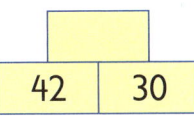
| 42 | 30 |

| 29 | 60 |

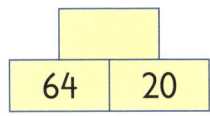
| 64 | 20 |

4 Auf der Leitung sitzen 20 Schwalben.
Es setzen sich 12 Schwalben dazu.
Wie viele Schwalben sind es insgesamt?

Antwort: _____

1, 2: Addieren zweistelliger Zahlen mit Überschreiten des Zehners.
3: Rechenmauern.   4: Sachaufgabe lösen und Antwortsatz bilden.

5

Subtrahieren

1 Jeweils drei Aufgaben haben dasselbe Ergebnis. Male sie mit gleicher Farbe an.

80 – 5 =	90 – 3 =	100 – 90 =	20 – 6 =	70 – 6 =
19 – 9 =	19 – 5 =	75 – 0 =	68 – 4 =	89 – 2 =
77 – 2 =	88 – 1 =	60 – 50 =	18 – 4 =	69 – 5 =

2
a) 55 – 5 =　　b) 22 – 2 =　　c) 35 – 5 =　　　10 40 50 70
　 46 – 6 =　　　 56 – 6 =　　　 67 – 7 =
　 17 – 7 =　　　 73 – 3 =　　　 88 – 8 =　　　70 50 20 90
　 71 – 1 =　　　 94 – 4 =　　　 99 – 9 =　　　90 30 80 60

3
a) 52 – 6 =　　b) 21 – 6 =　　c) 84 – 5 =　　　66 46 38 26
　 47 – 9 =　　　 35 – 8 =　　　 33 – 8 =
　 34 – 8 =　　　 52 – 7 =　　　 67 – 9 =　　　27 15 45 16
　 73 – 7 =　　　 25 – 9 =　　　 51 – 5 =　　　58 79 46 25

4

a)
–	20
37	
43	
65	

b)
–	30
48	
54	
75	

c)
–	50
66	
78	
84	

d)
–	60
61	
87	
96	

5 In unserer Klasse lernen 21 Schüler.
Es sind 2 Schüler weggezogen.
Wie viele Schüler sind noch in unserer Klasse?

Antwort: _____

1: Subtrahieren und Aufgaben mit gleicher Lösung kennzeichnen.　2: Subtrahieren bis zum Zehner.　3: Subtrahieren mit Überschreiten des Zehners.　4: Tabellen lösen, von zweistelligen Zahlen Zehnerzahlen subtrahieren.　5: Sachaufgabe lösen und Antwort finden.

1 a)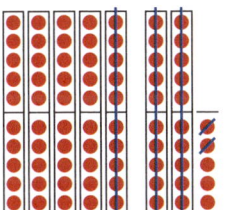

75 − 32

75 − 30 = 45
45 − 2 =
75 − 32 =

b)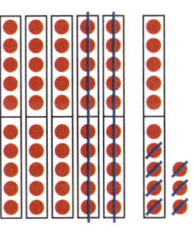

63 − 27

63 − 20 = 43
43 − 7 =
63 − 27 =

Rechne so:
1. Zerlege die 2. Zahl in Zehner und Einer.
2. Subtrahiere erst den Zehner, dann den Einer.

2 a)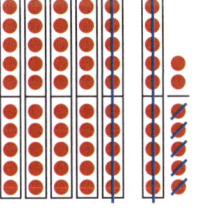

67 − 25

67 − 20 =
  − 5 =
67 − 25 =

b)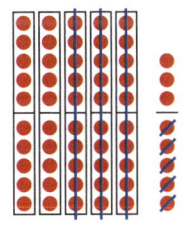

58 − 35

  −   =
  −   =
58 − 35 =

c)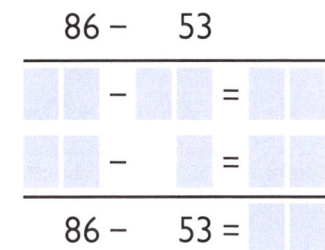

86 − 53

  −   =
  −   =
86 − 53 =

3 a)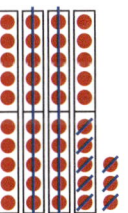

43 − 28

43 − 20 =
23 − 8 =
43 − 28 =

b)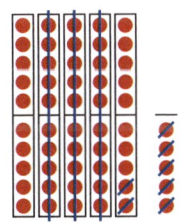

55 − 37

55 −   =
  −   =
55 − 37 =

c)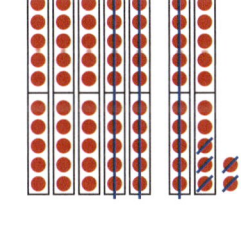

72 − 35

72 −   =
  −   =
72 − 35 =

33   23   42   15   37   18

1: Subtrahieren zweistelliger Zahlen.   2: Subtrahieren zweistelliger Zahlen ohne Überschreiten.
3: Subtrahieren zweistelliger Zahlen mit Überschreiten. Ergebnisse mit Lösungszahlen vergleichen.

Addieren und Subtrahieren

1 Setze das richtige Zeichen: < , = , >

a) 30 ○ 50
70 ○ 60
12 ○ 20
50 ○ 15

b) 34 ○ 43
29 ○ 28
27 ○ 0
58 ○ 58

c) 82 ○ 88
43 ○ 43
77 ○ 71
96 ○ 99

d) 86 ○ 57
99 ○ 100
74 ○ 41
11 ○ 100

2 a) 28 + 10 =
49 + 20 =
56 + 30 =
37 + 40 =

86 38 69 77

b) 74 + 20 =
66 + 30 =
38 + 50 =
19 + 70 =

96 88 94 89

c) 37 − 10 =
55 − 0 =
49 − 20 =
87 − 70 =

17 27 29 55

3 a) 34 + 9 =
44 + 9 =
54 + 7 =
64 + 6 =

43 53 61 70

b) 42 + 9 =
34 + 8 =
53 + 7 =
77 + 4 =

42 51 81 60

c) 52 − 5 =
43 − 5 =
24 − 6 =
92 − 4 =

38 47 88 18

4 a) 55 − 15 =
63 − 13 =
46 − 16 =
99 − 19 =

80 30 50 40

b) 34 − 12 =
56 − 23 =
46 − 35 =
72 − 21 =

22 33 11 51

c) 46 + 13 =
32 + 16 =
73 + 21 =
84 + 14 =

59 48 98 94

5

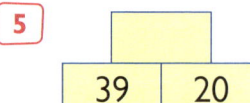
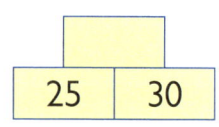
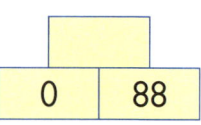

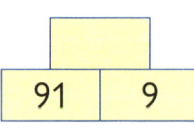
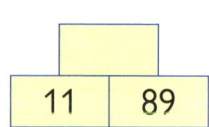
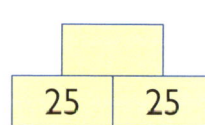
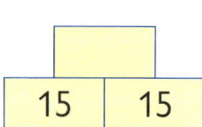

1: Vergleichen. 2 bis 4: Addieren und subtrahieren. 5: Rechenmauern lösen.

1 a) Addiere.

+	7	2	0	40	12
30					

b) Subtrahiere.

−	5	9	20	25
50				

2 a) Verdopple.

Zahl	7	9	10	40	12
Doppelte					

b) Halbiere.

Zahl	12	16	60	80
Hälfte				

3 Lisa und Ben spielen Karten. Jeder bekommt 12 Karten. Wie viele Karten werden ausgeteilt?

Antwort: _____

4 In Annas Klasse gehen 24 Kinder, in Jans Klasse sind 7 Kinder mehr. Wie viele Kinder sind in Jans Klasse?

Antwort: _____

5

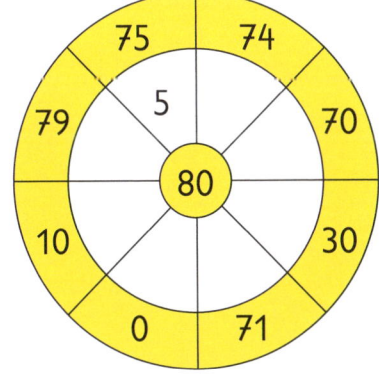

6 a)

30 →[+ 12]→ 42 → 50 → 65 → 85 → 100

b)

100 →[−]→ 95 → 70 → 55 → 35 → 0

1: Addieren/Subtrahieren in Tabellen.   2: Verdoppeln und Halbieren.   3, 4: Inhalt erfassen. Aufgabe bilden, lösen und antworten.
5: Rechenräder lösen.   6: Kettenaufgaben lösen.

Multiplizieren

1 Bilde Aufgaben mit + und ·.

a) b) 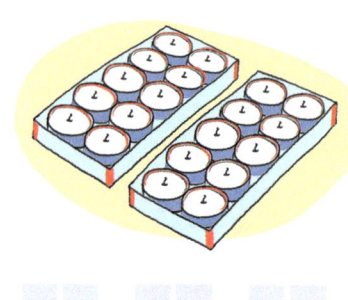 c)

a) 5 + ☐ + ☐ = ☐
☐ · ☐ = ☐

b) ☐ + ☐ = ☐
☐ · ☐ = ☐

c) ☐ + ☐ + ☐ + ☐ = ☐
☐ · ☐ = ☐

2
a) 1 · 2 =
2 · 2 =
5 · 2 =
10 · 2 =

b) 1 · 10 =
2 · 10 =
5 · 10 =
10 · 10 =

c) 1 · 5 =
2 · 5 =
5 · 5 =
10 · 5 =

3
a) 1 · 2 =
2 · 2 =
3 · 2 =

b) 10 · 2 =
9 · 2 =
8 · 2 =

c) 5 · 2 =
4 · 2 =
3 · 2 =

d) 5 · 2 =
6 · 2 =
7 · 2 =

4
a) 1 · 10 =
2 · 10 =
3 · 10 =

b) 5 · 10 =
6 · 10 =
7 · 10 =

c) 10 · 10 =
9 · 10 =
8 · 10 =

d) 5 · 10 =
4 · 10 =
3 · 10 =

5
a) 1 · 5 =
2 · 5 =
3 · 5 =

b) 10 · 5 =
9 · 5 =
8 · 5 =

c) 5 · 5 =
6 · 5 =
7 · 5 =

d) 5 · 5 =
4 · 5 =
3 · 5 =

1: Additions- und Multiplikationsaufgaben finden und lösen.   2: Kernaufgaben lösen.
3 bis 5: Kernaufgaben in ihrer Bedeutung für weitere Aufgaben verstehen, Aufgaben lösen.

1
a) 1 · 2 =
2 · 2 =
b) 2 · 2 =
4 · 2 =
c) 4 · 2 =
8 · 2 =
d) 3 · 2 =
6 · 2 =

2
a) 1 · 10 =
2 · 10 =
b) 2 · 10 =
4 · 10 =
c) 4 · 10 =
8 · 10 =
d) 3 · 10 =
6 · 10 =

3
a) 1 · 5 =
2 · 5 =
b) 2 · 5 =
4 · 5 =
c) 4 · 5 =
8 · 5 =
d) 3 · 5 =
6 · 5 =

4 Anna hat 8 Bilder.
Leo hat doppelt so viele Bilder.
Wie viele Bilder hat Tom?

☐ · ☐ = ☐

Antwort: _____

5
a) 6 · 2 =
4 · 5 =
9 · 2 =
3 · 5 =
10 · 10 =
b) 7 · 5 =
8 · 2 =
9 · 5 =
10 · 5 =
5 · 2 =
c) 2 · 5 =
3 · 1 =
10 · 2 =
5 · 5 =
0 · 10 =
d) 1 · 10 =
6 · 5 =
7 · 2 =
3 · 10 =
8 · 5 =

6
a) Tom kauft 4 Kinokarten.
Eine Karte kostet 5 €.
Wie viel Euro hat er bezahlt?

☐ · ☐ € = ☐ €

Antwort: _____

b) Frau Klein kauft 3 Bücher für je 10 €.
Wie viel kosten die Bücher zusammen?

☐ · ☐ € = ☐ €

Antwort: _____

1 bis 3: Rechenstrategie des Verdoppelns erkennen und anwenden.   5: Multiplizieren.
4, 6: Inhalt erfassen, Aufgabe finden, lösen und antworten.

Dividieren

1 Frau Klein packt immer 5 Muffins in eine Kiste. Wie viele Kisten benötigt sie?

a)

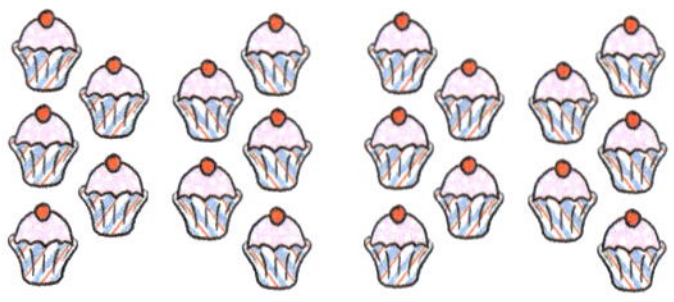

__ : __ = __

Sie benötigt __ Kisten.

b)

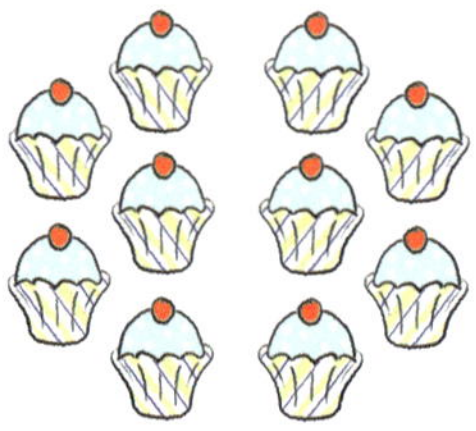

__ : __ = __

Sie benötigt __ Kisten.

c)

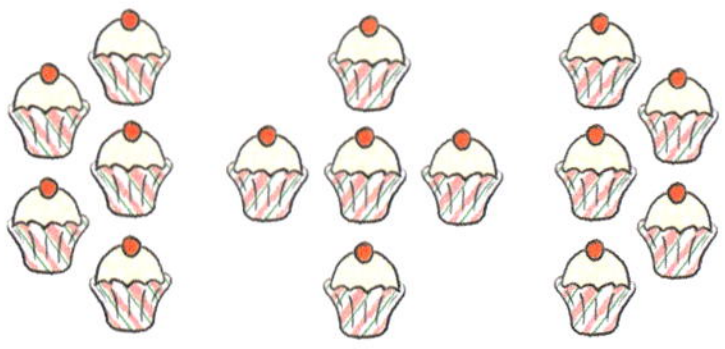

__ : __ = __

Sie benötigt __ Kisten.

2 Teile gerecht auf:

a) an 3 Kinder

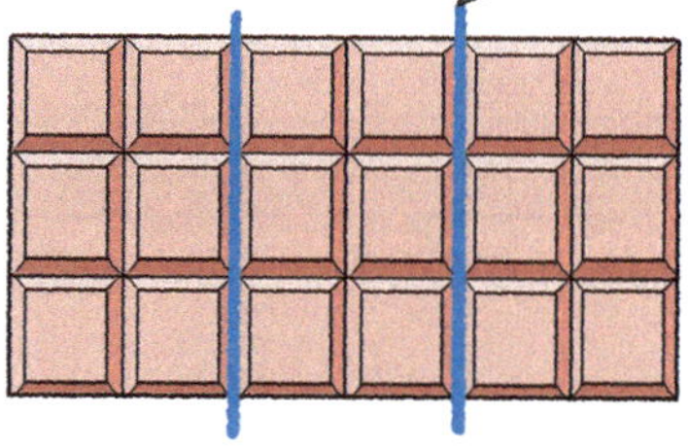

18 : 3 = __

Jeder erhält __ Stück.

b) an 2 Kinder

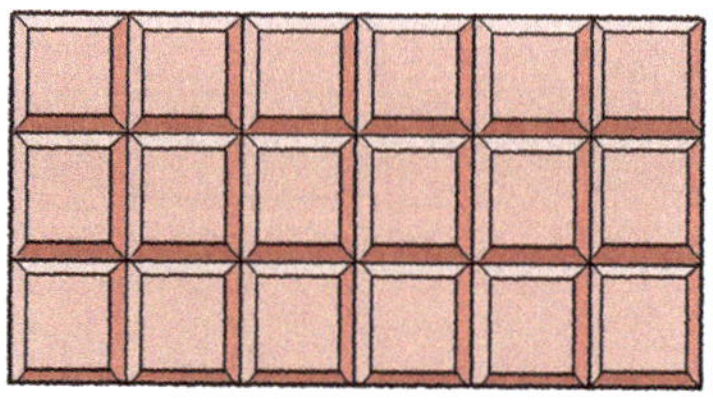

18 : __ = __

Jeder erhält __ Stück.

c) an 6 Kinder

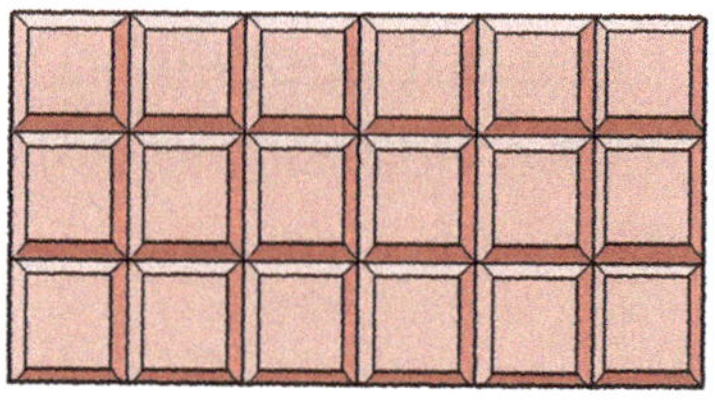

__ : __ = __

Jeder erhält __ Stück.

d)

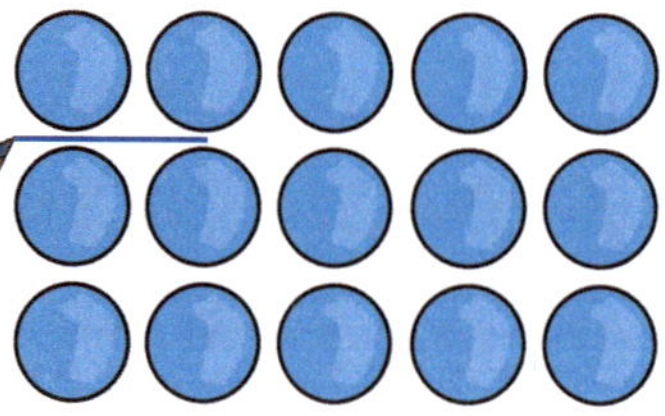

__ : 3 = __

e)

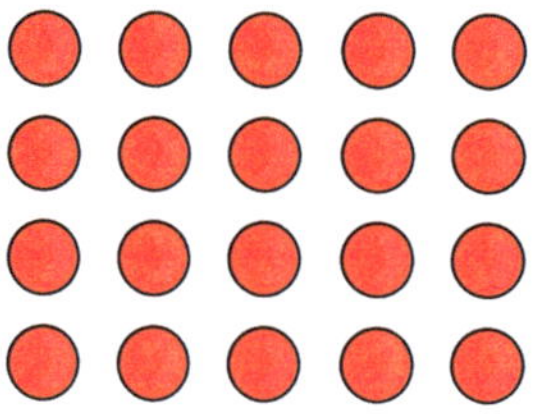

__ : 4 = __

f)

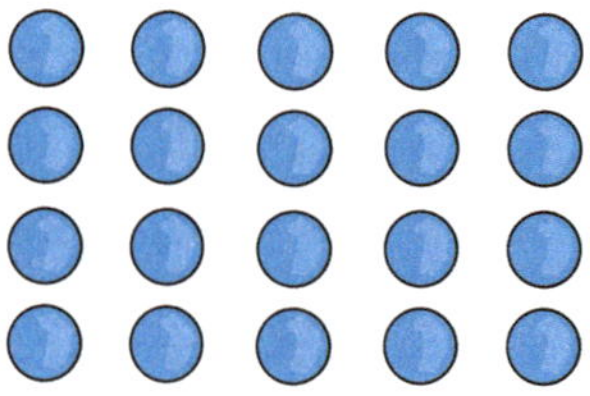

__ : 5 = __

3 Verteile gleichmäßig. Zeichne und rechne.

__ : __ = __, denn __ · __ = __

1, 2: Verteilen/Aufteilen nach Vorgabe, Aufgabe finden und lösen.
3: Verteilen darstellen. Aufgabe lösen. Ergebnis mit der Umkehraufgabe begründen.

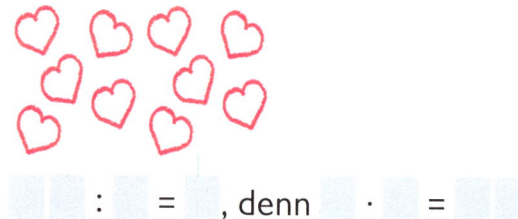

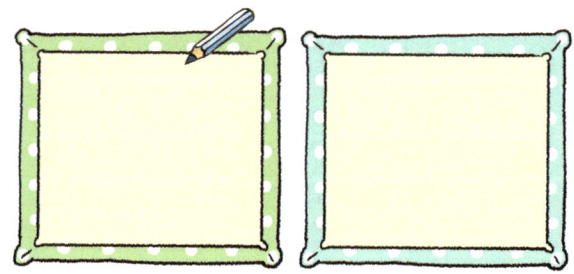

1 Zwei Mannschaften werden gebildet. Wie viele Kinder hat jede Mannschaft?

☐☐ : ☐ = ☐, denn ☐ · ☐ = ☐☐

Antwort: Jede Mannschaft hat ☐ Kinder.

2 a) 10 : 2 = ☐, denn ☐ · ☐ = ☐☐   b) 12 : 2 = ☐, denn ☐ · ☐ = ☐☐
    2 : 2 = ☐, denn ☐ · ☐ = ☐   8 : 2 = ☐, denn ☐ · ☐ = ☐
   14 : 2 = ☐, denn ☐ · ☐ = ☐☐   20 : 2 = ☐☐, denn ☐ · ☐ = ☐☐
   18 : 2 = ☐, denn ☐ · ☐ = ☐☐   16 : 2 = ☐, denn ☐ · ☐ = ☐☐

3 a) 20 : 10 = ☐, denn ☐ · ☐☐ = ☐☐   b) 70 : 10 = ☐, denn ☐ · ☐☐ = ☐☐
   60 : 10 = ☐, denn ☐ · ☐☐ = ☐☐   90 : 10 = ☐, denn ☐ · ☐☐ = ☐☐
   30 : 10 = ☐, denn ☐ · ☐☐ = ☐☐   40 : 10 = ☐, denn ☐ · ☐☐ = ☐☐
   80 : 10 = ☐, denn ☐ · ☐☐ = ☐☐   50 : 10 = ☐, denn ☐ · ☐☐ = ☐☐

4 a) 25 : 5 = ☐, denn ☐ · ☐ = ☐☐   b) 40 : 5 = ☐, denn ☐ · ☐ = ☐☐
   15 : 5 = ☐, denn ☐ · ☐ = ☐☐   35 : 5 = ☐, denn ☐ · ☐ = ☐☐
   50 : 5 = ☐☐, denn ☐ · ☐ = ☐☐   45 : 5 = ☐, denn ☐ · ☐ = ☐☐
   5 : 5 = ☐, denn ☐ · ☐ = ☐   30 : 5 = ☐, denn ☐ · ☐ = ☐☐

5 a) Frau Müller hat 20 Blumen. Sie stellt immer 5 Blumen in eine Vase. Wie viele Vasen braucht Frau Müller?

☐☐ : ☐ = ☐

Antwort: _____

b) In der Turnhalle sind 16 Kinder. Die Hälfte der Kinder spielt Fußball. Wie viele Kinder spielen Fußball?

☐☐ : ☐ = ☐

Antwort: _____

Multiplizieren und Dividieren

1 Wie viele Socken hängen an der Leine?

a) 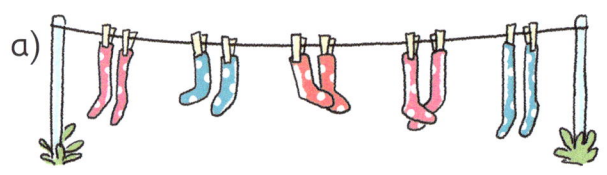   b)

☐ · ☐ = ☐☐   ☐ · ☐ = ☐☐

2 a) Wie viele Stifte sind es insgesamt?   b) Wie viele Eier sind es insgesamt?

     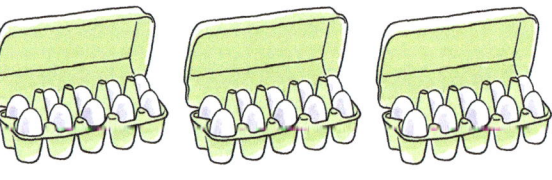

☐ · ☐ = ☐☐   ☐ · ☐☐ = ☐☐

3
6 · 2 =   4 · 5 =   4 · 10 =   8 · 5 =
9 · 5 =   0 · 10 =   9 · 2 =   7 · 2 =
3 · 10 =   5 · 2 =   7 · 5 =   10 · 5 =

4 a) 20 : 5 = ☐, denn ☐ · ☐ = ☐☐   b) 16 : 2 = ☐, denn ☐ · ☐ = ☐☐
14 : 2 = ☐, denn ☐ · ☐ = ☐☐   35 : 5 = ☐, denn ☐ · ☐ = ☐☐
45 : 5 = ☐, denn ☐ · ☐ = ☐☐   40 : 5 = ☐, denn ☐ · ☐ = ☐☐

5 Tom verteilt 14 Bilder an 2 Kinder. Jedes Kind bekommt die gleiche Anzahl. Wie viele Bilder bekommt jedes Kind?

☐☐ ○ ☐ = ☐

Antwort: _____

6 Tom hat 4 Packungen mit Luftballons. In jeder Packung sind 5 Luftballons. Wie viele Luftballons hat Tom insgesamt?

☐ ○ ☐ = ☐☐

Antwort: _____

1, 2: Aufgabe finden und lösen.   3: Multiplizieren.   4: Dividieren, Lösung mit der Umkehraufgabe begründen.
5, 6: Inhalt erfassen, Aufgabe bilden, lösen und antworten.

1

🔴 5　🔴 10　🔴 50

5 · 10 = ▢▢
10 · 5 = ▢▢
50 : 10 = ▢
50 : 5 = ▢▢

🔴 6　🔴 2　🔴 12

6 · 2 = ▢▢
▢ · 6 = ▢▢
▢▢ : 2 = 6
▢▢ : 6 = ▢

2

🟢 3　🟢 5　🟢 15

▢ · ▢ = ▢▢
▢ · ▢ = ▢▢
▢▢ : ▢ = ▢
▢▢ : ▢ = ▢

🟢 2　🟢 10　🟢 20

▢ · ▢ = ▢▢
▢▢ · ▢ = ▢▢
▢▢ : ▢ = ▢▢
▢▢ : ▢ = ▢

3

🟡 7　🟡 2　🟡 14

▢ · ▢ = ▢▢
▢ · ▢ = ▢▢
▢▢ : ▢ = ▢
▢▢ : ▢ = ▢

🟡 8　🟡 5　🟡 40

▢ · ▢ = ▢▢
▢ · ▢ = ▢▢
▢▢ : ▢ = ▢
▢▢ : ▢ = ▢

4

🔵 30　🔵 5　🔵 6

▢ · ▢ = ▢▢
▢ · ▢ = ▢▢
▢▢ : ▢ = ▢
▢▢ : ▢ = ▢

🔵 16　🔵 8　🔵 2

▢ · ▢ = ▢▢
▢ · ▢ = ▢▢
▢▢ : ▢ = ▢
▢▢ : ▢ = ▢

1 bis 4: Aufgabenfamilien bilden und lösen.

Sachaufgaben – Schrittfolge zum Lösen

So kannst du Sachaufgaben lösen:

Lies die Aufgabe genau durch.
Achte auf
besondere Wörter (mehr, weniger …),
Zahlen (fünf, 23 …),
Größen (€, cm, kg …).

→ Frau Müller kauft eine Hose für 45 € und einen Pulli für 39 €.
Wie viel bezahlt Frau Müller insgesamt?

↓

Finde die Frage.

→ Wie viel bezahlt Frau Müller insgesamt?

↓

Finde zur Frage eine Aufgabe.

→ 45 € + 39 €

↓

Löse die Aufgabe.

→ 45 € + 39 € = 84 €

↓

Beantworte die Frage im Satz.

→ Frau Müller bezahlt insgesamt 84 €.

---

1 Ben hat 80 € gespart.
Er gibt 64 € für Inline-Skater aus.
Wie viel Geld hat Ben übrig?

Rechnung: ▨▨ ◯ ▨▨ € = ▨▨ €

Antwort: _____

2 Anna will sich einen neuen Fahrradhelm kaufen.
Sie hat 29 € gespart.
Von ihrer Oma bekommt sie 25 € dazu.
Wie viel Geld hat sie nun?

Rechnung: ▨▨ € ◯ ▨▨ € = ▨▨ €

Antwort: _____

1 Im Stall sind 24 Schweine und 15 Ferkel.
Wie viele Tiere sind das insgesamt?

Rechnung: ☐☐ ○ ☐☐ = ☐☐

Antwort: _____

2 Der Bauer besitzt 43 Kühe.
27 Kühe wurden schon gemolken.
Wie viele Kühe müssen noch gemolken werden?

Rechnung: ☐☐ ○ ☐☐ = ☐☐

Antwort: _____

3 Der Bauer hat 16 Kaninchen. Die Hälfte verkauft er.
Wie viele Kaninchen hat er dann noch?

Rechnung: ☐☐ ○ ☐ = ☐

Antwort: _____

4 Die Bäuerin verpackt 90 Eier in Packungen zu je 10 Stück.
Wie viele Packungen benötigt sie?

Rechnung: ☐☐ ○ ☐☐ = ☐

Antwort: _____

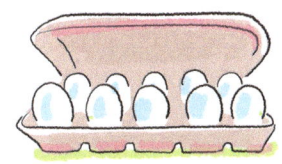

5 Die Bäuerin hat 7 Packungen Eier für je 2 € verkauft.
Wie viel Geld hat die Bäuerin eingenommen?

Rechnung: ☐ ○ ☐ € = ☐☐ €

Antwort: _____

6 Freundeaufgabe – Rechengeschichten

Wähle 2 Aufgaben aus. Erzähle dazu deinem Lernpartner
je eine Rechengeschichte mit einer Frage.

Dein Lernpartner löst die Aufgaben und antwortet
auf die Frage.

34 + 12

7 · 5

48 − 26

16 : 2

1 bis 5: Inhalt erfassen. Aufgabe finden, lösen und antworten.
6: Freundeaufgabe – Rechengeschichten erfinden.

Die Hunderterzahlen

1 Hunderterzahlen aus der Umwelt

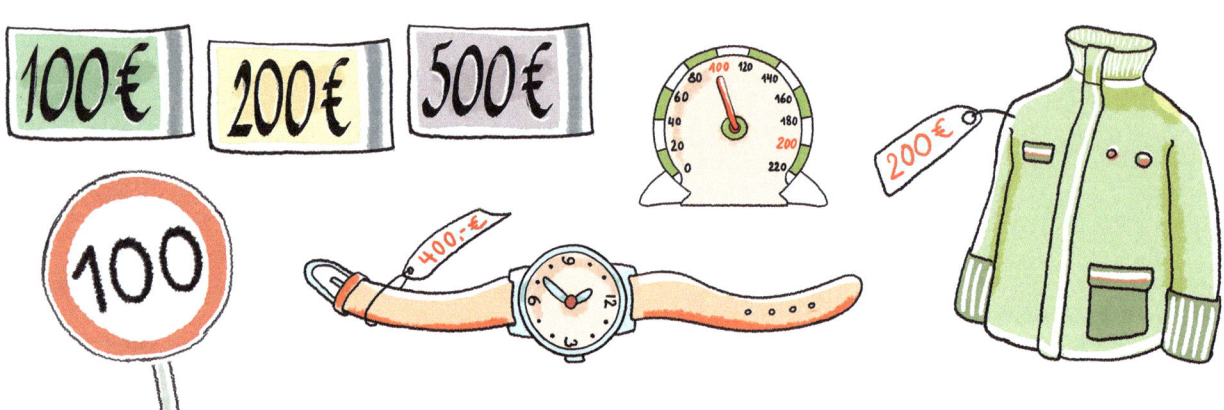

2 Zähle in Hunderterschritten.

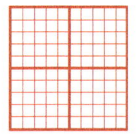   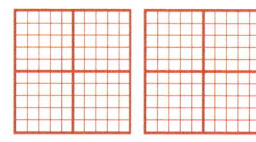   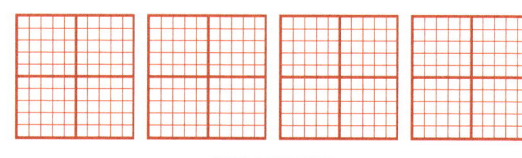

100

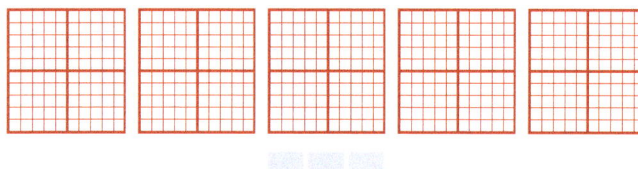   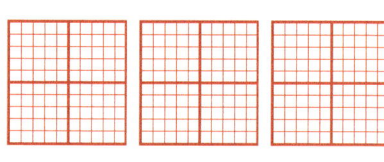

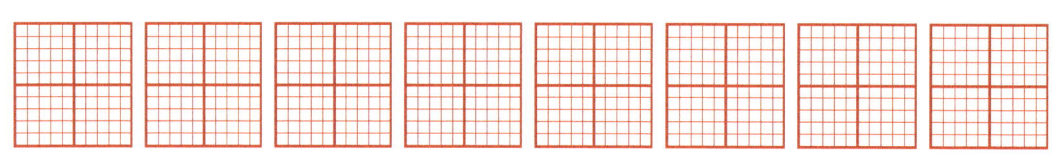

3 Zähle in 100er-Schritten.

a) 100, 200, ____, ____, ____, ____, ____, ____, ____, 1000

b) 1000, ____, ____, ____, ____, 500, ____, ____, ____, ____

4 Ergänze die fehlenden Hunderter.

a) 200, ____, ____, ____, 600   b) 1000, ____, ____, ____, ____, 500

400, ____, ____, ____, 800   900, ____, ____, ____, ____, 400

600, ____, ____, ____   500, ____, ____, ____, ____

1 Ergänze.

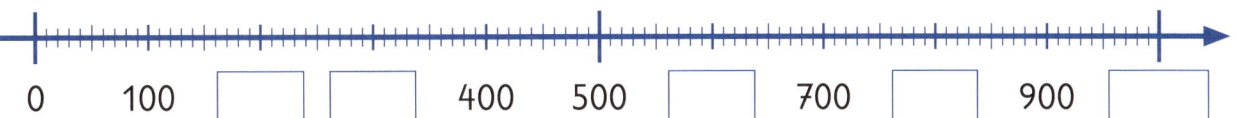

0   100   ☐   ☐   400   500   ☐   700   ☐   900   ☐

2 Ordne zu.

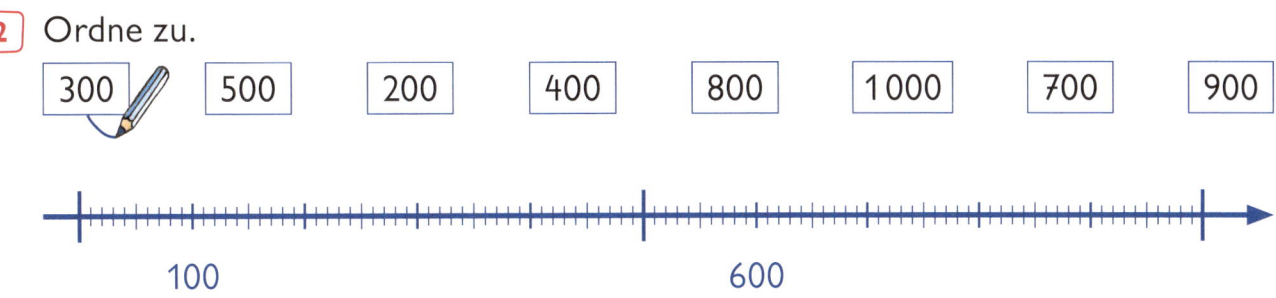

3 Vergleiche. <, =, >

a) 300 ◯ 500   b) 600 ◯ 300   c) 500 ◯ 500   d) 200 ◯ 20
   400 ◯ 700   100 ◯ 0   1000 ◯ 100   100 ◯ 300
   1000 ◯ 900   800 ◯ 1000   700 ◯ 900   400 ◯ 400
   600 ◯ 600   500 ◯ 800   800 ◯ 800   900 ◯ 20

4 a) Ordne. Beginne mit der kleinsten Zahl.

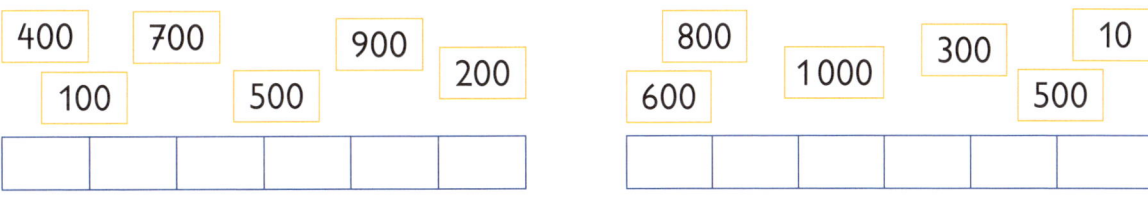

b) Ordne. Beginne mit der größten Zahl.

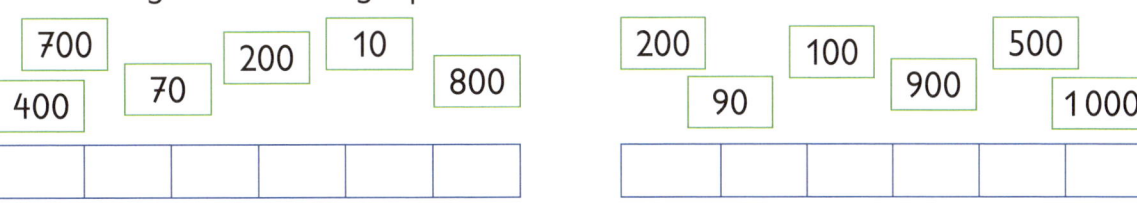

5 Ordne zu.

sechshundert   dreihundert   einhundert   eintausend   fünfhundert

zweihundert   neunhundert   achthundert   siebenhundert   vierhundert

Die Zehnerzahlen

1 110

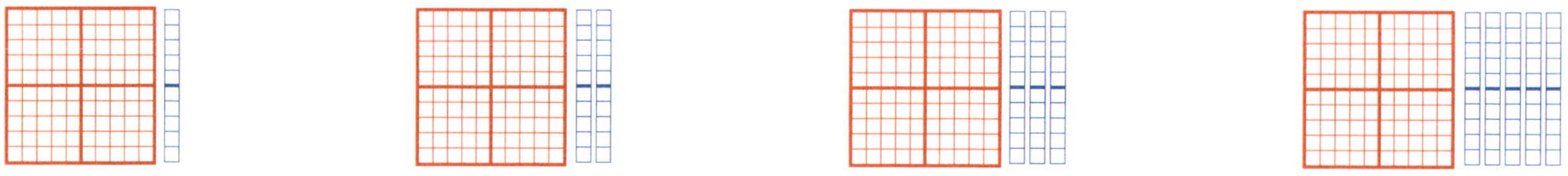

2

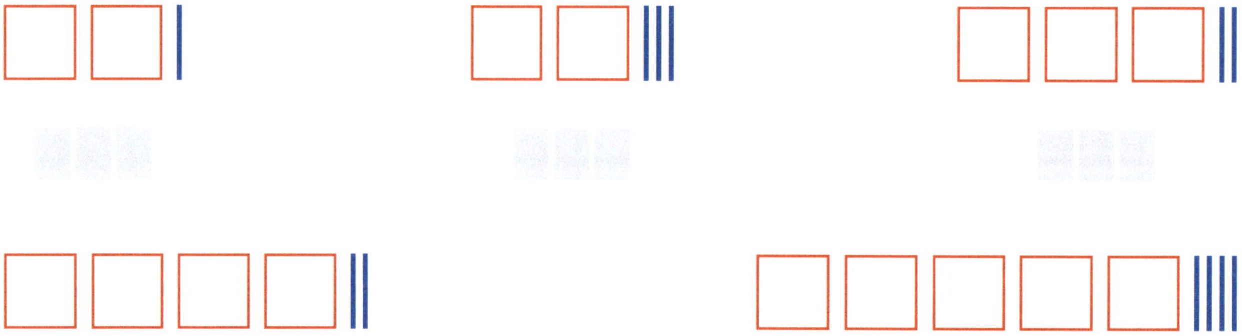

3 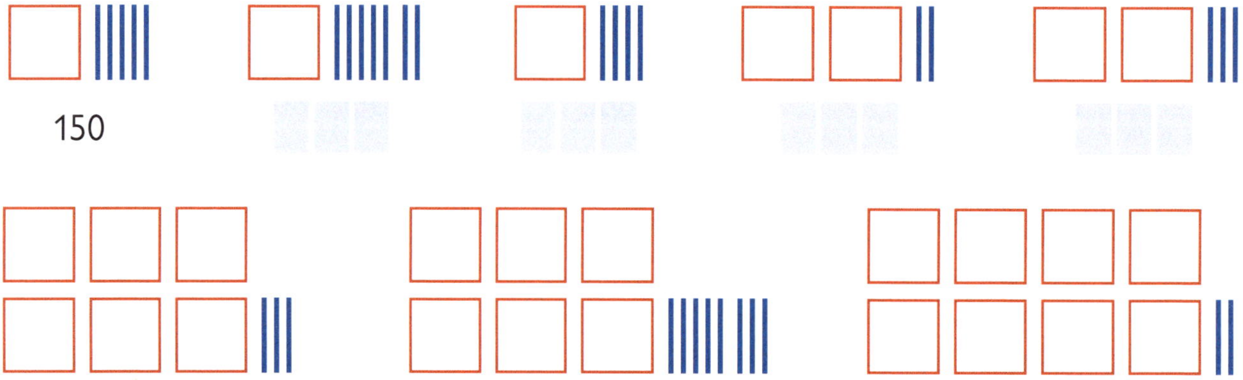 150

4

150	650
810	990

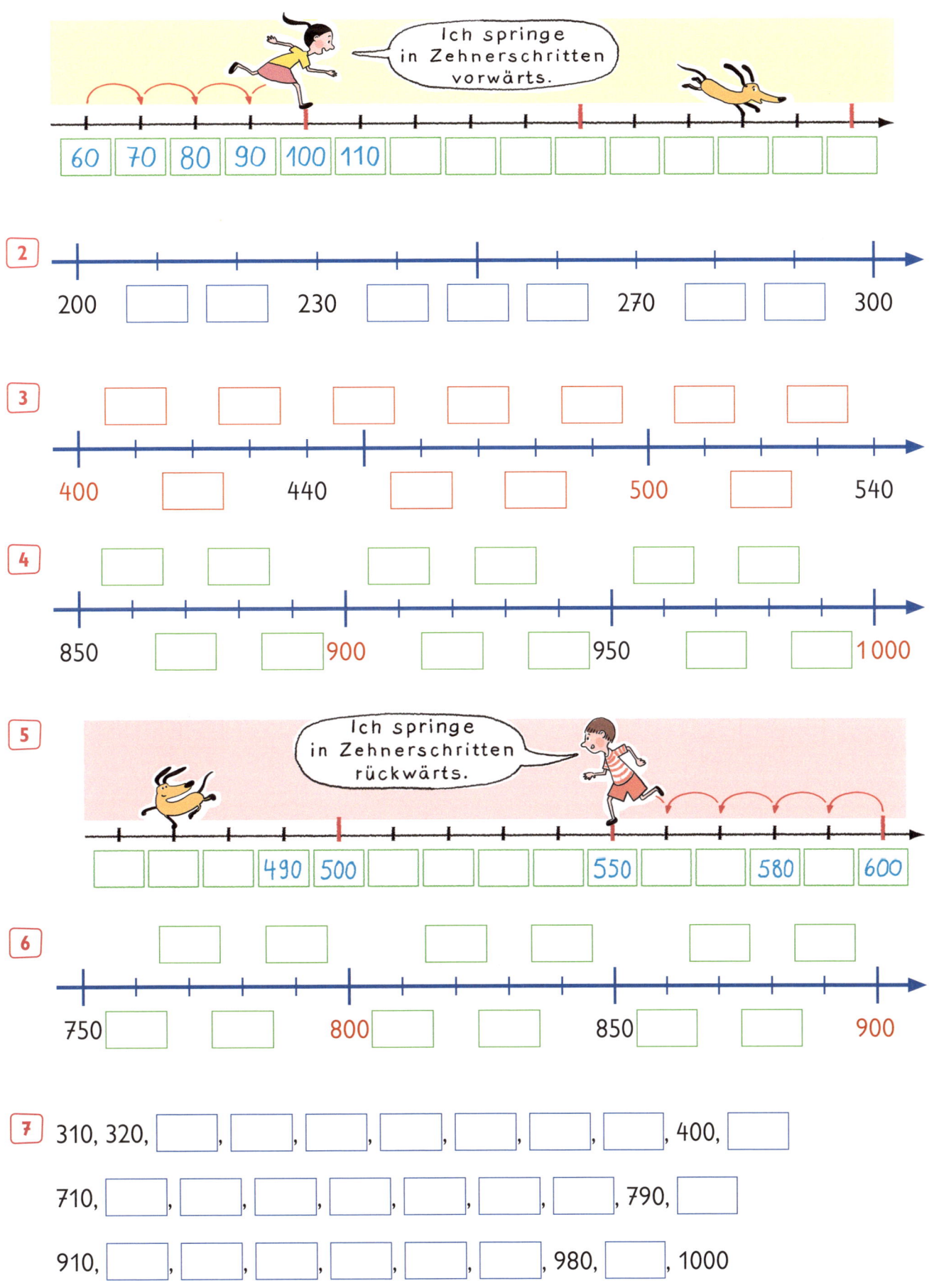

Alle Zahlen bis 1000

1

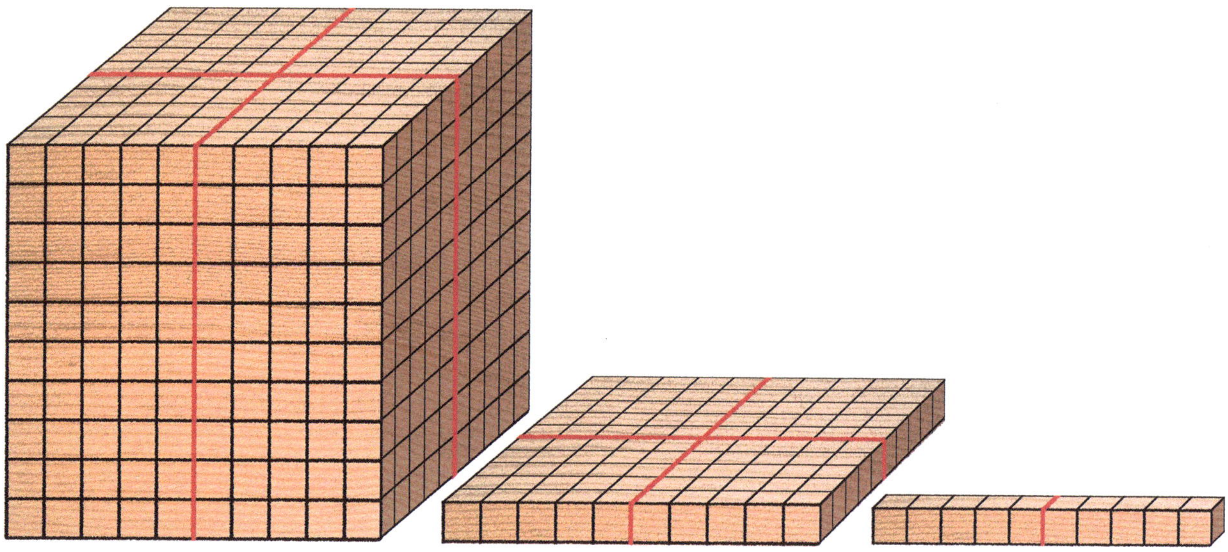

Tausend (T)　　　　Hundert (H)　　　　Zehn (Z)

1 Zehnerstange sind ☐☐ Einerwürfel.

1 Hunderterplatte sind ☐☐☐ Einerwürfel.

1 Tausenderwürfel sind ☐☐☐☐ Einerwürfel.

1 Z sind ☐☐ E.

1 H sind ☐☐☐ E.

1 T sind ☐☐☐☐ E.

2

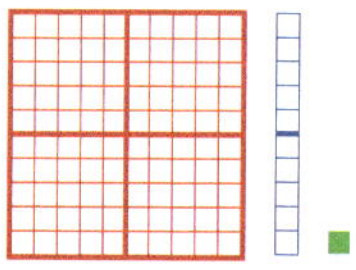

H	Z	E
1	1	1

Die Zahl heißt 1 1 1.

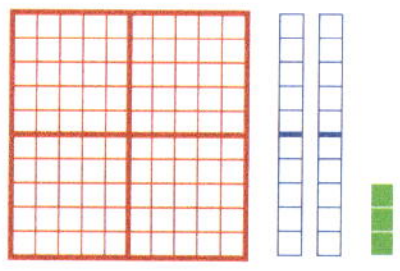

H	Z	E

Die Zahl heißt ☐☐☐.

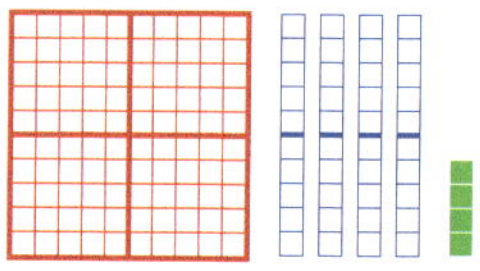

H	Z	E

Die Zahl heißt ☐☐☐.

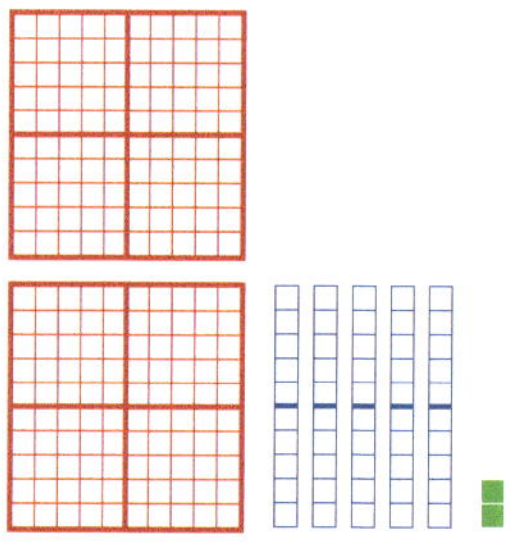

H	Z	E

Die Zahl heißt ☐☐☐.

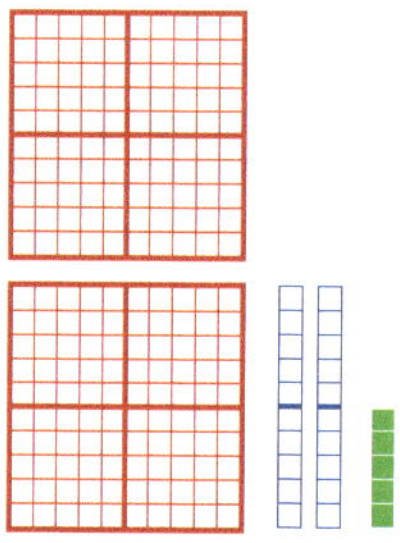

H	Z	E

Die Zahl heißt ☐☐☐.

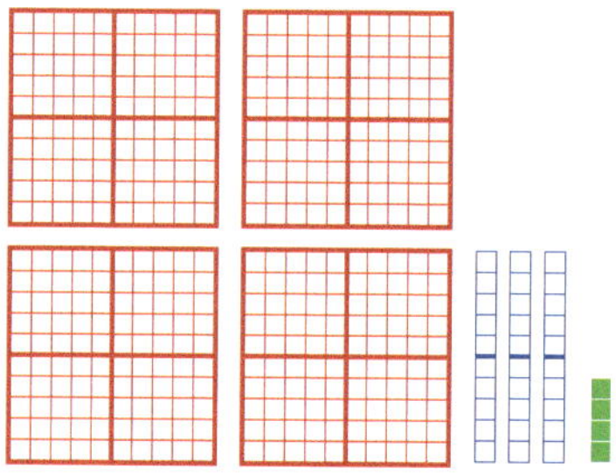

H	Z	E

Die Zahl heißt ☐☐☐.

1: Zuordnen von Bild, Zahl und Wort.　2: Erarbeiten der Stellenwerttafel.

1

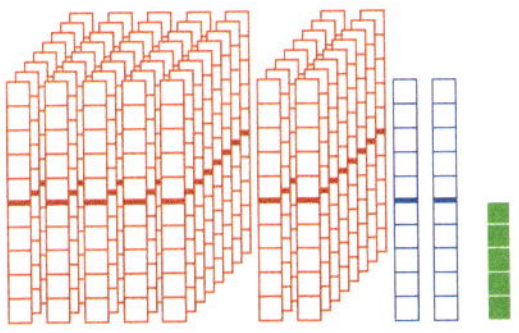

H	Z	E

Die Zahl heißt ▢▢▢.
siebenhundertfünfundzwanzig

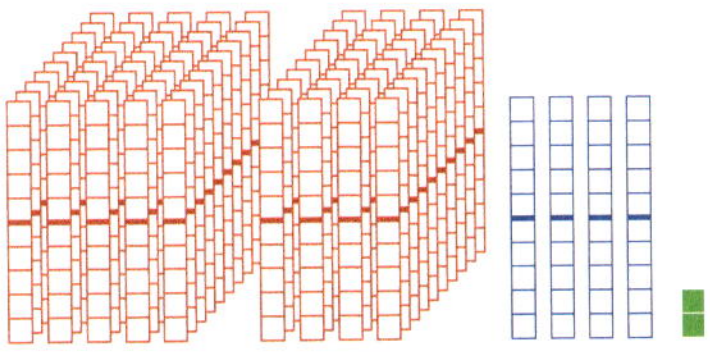

H	Z	E

Die Zahl heißt ▢▢▢.
neunhundertzweiundvierzig

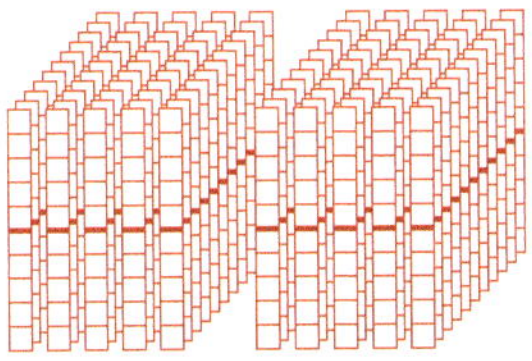

T	H	Z	E

Die Zahl heißt ▢▢▢▢.
eintausend

2

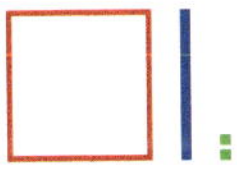

H	Z	E

1 1 2

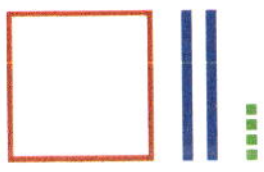

H	Z	E

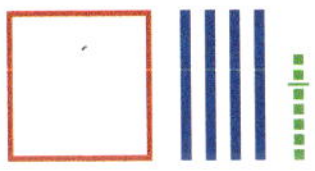

H	Z	E

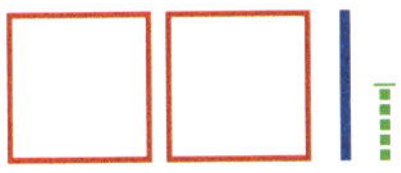

H	Z	E

H	Z	E

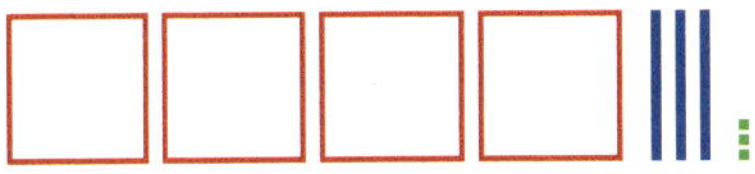

H	Z	E

3 Trage in die Stellenwerttafel ein.

178 | H | Z | E |
371 | H | Z | E |
809 | H | Z | E |

227 | H | Z | E |
745 | H | Z | E |
999 | H | Z | E |

546 | H | Z | E |
837 | H | Z | E |
670 | H | Z | E |

1: Aufgabe nachlegen mit Hunderterplatten, Zehnerstangen und Einerwürfeln. Zahl zuordnen. Zahl lesen.
2: Geheimschrift lesen, Zahl in die Stellenwerttafel eintragen. 3: Zahl in die Stellenwerttafel eintragen und lesen.

1 Ergänze.

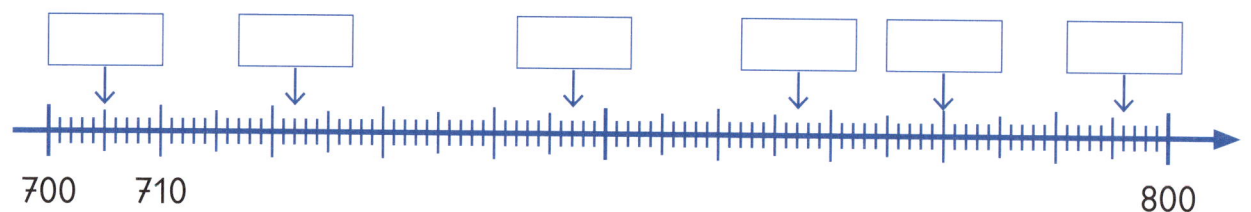

2 a) An welcher Stelle auf dem Zahlenstrahl stehen folgende Zahlen?
120, 150, 190, 170, 175

b) 100, 50, 150, 60, 160

3 Zähle weiter.

a) 175, 176, 177, ___, ___, ___, ___, ___, 183

b) 898, 899, 900, ___, ___, ___, ___, ___, 906

c) 532, 542, 552, ___, ___, ___, ___, ___, 612

d) 475, 485, ___, 505, ___, ___, ___, ___, 555

4 Bestimme den Vorgänger und den Nachfolger.

a)
V	Z	N
	125	
	439	
	220	
	319	

b)
V	Z	N
	378	
	500	
	701	
	799	

c)
V	Z	N
		1000
	777	
399		
	99	

1 Lege mit den Ziffernkarten dreistellige Zahlen. Schreibe sie auf. Beginne mit der kleinsten Zahl.

___ , ___ , ___ , ___ , ___ , ___

2 Wie heißen die Zahlen?
a) Lege sie mit Ziffernkarten.
b) Trage sie in die Stellenwerttafel ein.

Zahl	T	H	Z	E

3 Schreibe die Zahl zum Zahlwort.

vierhundertfünfzig ___ , dreihundertvier ___

einhundertachtzig ___ , neunhundertfünf ___

zweihunderteinundfünfzig ___ , achthundertdreiundvierzig ___

4 Male Zahl und Zahlwort mit gleicher Farbe aus.

sechshundert   einhundertfünfzig   dreihundertzehn

(310) (912) (600) (409) (813) (150)

vierhundertneun   achthundertdreizehn   neunhundertzwölf

5 Freundeaufgabe – vorwärts und rückwärts zählen

a) Zähle in Fünferschritten von 315 bis 345.
Schreibe die Zahlen auf: _____
Dein Lernpartner zählt in Fünferschritten von 345 bis 315.
Vergleiche mit deinen Zahlen.

b) Zähle in Hunderterschritten von 900 bis 400.
Schreibe die Zahlen auf: _____
Dein Lernpartner zählt in Hunderterschritten von 400 bis 900.

Zahlen vergleichen und ordnen

1 Vergleiche. <, =, >

Erst die Hunderter vergleichen.

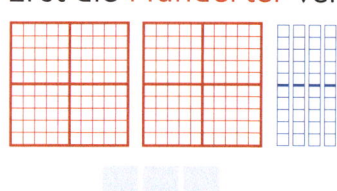 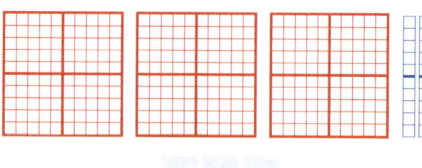

Die Hunderter sind unterschiedlich.
Wenn 200 < 300, dann ist 240 < 320.

2 Vergleiche. <, =, >

a) 330 ◯ 230
540 ◯ 670
170 ◯ 370

b) 470 ◯ 740
620 ◯ 260
230 ◯ 410

c) 160 ◯ 260
340 ◯ 340
630 ◯ 530

3 Wenn die Hunderter gleich sind, die Zehner vergleichen.

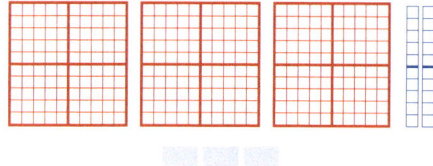 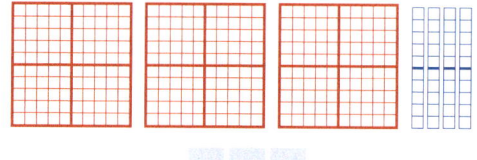

Die Zehner sind unterschiedlich.
Wenn 20 < 30, dann ist 320 < 340.

4 Vergleiche. <, =, >

a) 310 ◯ 330
380 ◯ 370
650 ◯ 690

b) 590 ◯ 570
710 ◯ 750
530 ◯ 550

c) 410 ◯ 420
440 ◯ 440
990 ◯ 970

5 a) 530 ◯ 210
450 ◯ 540
660 ◯ 330

b) 490 ◯ 940
790 ◯ 170
820 ◯ 820

c) 710 ◯ 110
80 ◯ 180
990 ◯ 1000

1 a) Ordne. Beginne mit der kleinsten Zahl.

| 280 | 210 | 0 | 200 | 190 | 20 | 100 | 250 |

0, ___, ___, ___, ___, ___, ___, ___

b) | 360 | 570 | 750 | 510 | 390 | 480 | 150 | 930 |

___, ___, ___, ___, ___, ___, ___, ___

2 a) Ordne. Beginne mit der größten Zahl.

| 300 | 13 | 30 | 310 | 390 | 400 | 130 | 450 |

450, ___, ___, ___, ___, ___, ___, ___

b) | 950 | 910 | 250 | 780 | 690 | 280 | 1000 | 190 |

___, ___, ___, ___, ___, ___, ___, ___

3 Vervollständige die Zahlenfolgen.

a) 440, 340, ___, ___, 40   350, 450, ___, ___, 750
b) 510, 410, ___, ___, 110   280, ___, ___, ___, 680
c) 630, 530, ___, ___, 230   520, ___, ___, ___, 920
d) 890, ___, ___, ___, 490   410, ___, ___, ___, 810

4 Ergänze die Nachbarzehner.

Nachbarzehner	420								
Zahl	430	560	230	720	640	880	110	690	900
Nachbarzehner	440								

Geldwerte bis 500 Euro

1

a) Beschreibe die Euro-Scheine.
b) Finde die Gemeinsamkeiten und Unterschiede.

2 Wie viel Euro?

 ☐☐☐ €

 ☐☐☐ €

 ☐☐☐ €

3

 ☐☐☐ €

 ☐☐☐ €

 ☐☐☐ €

4

 ☐☐☐ €

 ☐☐☐ €

 ☐☐☐ €

1: Gemeinsamkeiten und Unterschiede erkennen und benennen.
2 bis 4: Geldbetrag bestimmen.

1 Lege die Geldbeträge mit möglichst wenigen Geldscheinen.

150 €

a) 100 €, 200 €, 350 €, 650 €, 850 €
b) 40 €, 65 €, 90 €, 125 €, 160 €
c) 270 €, 515 €, 680 €, 365 €, 930 €

2 Lege den Geldbetrag auf unterschiedliche Weise.
Gib 3 Möglichkeiten an.
Trage die Anzahl der Geldscheine in die Tabelle ein.

a)

Geldbetrag	100 €	50 €	20 €	10 €	5 €
160 €	1	1		1	
160 €					
160 €					

b)

Geldbetrag	500 €	200 €	100 €	50 €	20 €	10 €	5 €
575 €		2	1	1	1		1
575 €							
575 €							

3 Wie viel könnten die Gegenstände kosten?
Schreibe einen möglichen Preis darunter.

1 Lege 700 € mit Geldscheinen. Male, wie du gelegt hast.

a) Mit 2 Scheinen.

b) Mit 3 Scheinen.

c) Mit 4 Scheinen.

d) Mit 5 Scheinen.

e) Mit 6 Scheinen.

2 Wurde richtig gewechselt – Ja oder nein? Kreuze an.

Geldbetrag	Wechselgeld	Ja	Nein
100 €	50 + 20 + 20 + 10	○	○
100 €	20 + 20 + 20 + 20	○	○
100 €	50 + 20 + 10 + 10	○	○
200 €	100 + 50 + 50	○	○
200 €	50 + 50 + 50 + 20 + 5 + 5	○	○
500 €	200 + 100 + 100 + 50 + 20 + 20 + 10	○	○

1: Geldbetrag mit der angegebenen Anzahl von Geldscheinen legen.
2: Wechselgeld überprüfen.

1 Schreibe die Geldbeträge auf.

Vergleiche. <, =, >

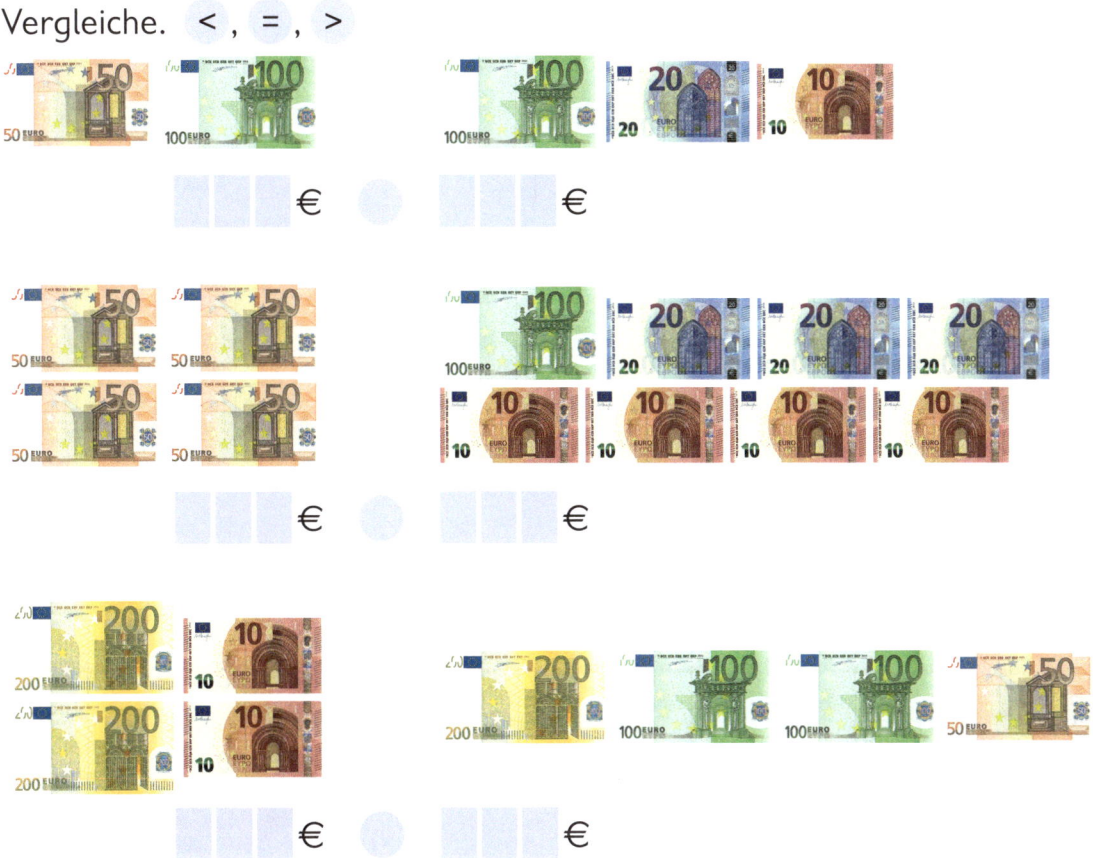

☐☐☐ € ◯ ☐☐☐ €

☐☐☐ € ◯ ☐☐☐ €

☐☐☐ € ◯ ☐☐☐ €

2 Wie viel Euro sind es? Lege nach und trage den Betrag ein.

500	200	100	50	20	10	5	2	1	Betrag
	1			1		1			€
	2				3			5	€
1					4	2		1	€
1	1	1	1	1	1	1	1	1	€

3 Freundeaufgabe – Geldbeträge legen

Lege mit Rechengeld einen Geldbetrag der größer als 400 € und kleiner als 500 € ist.

Dein Lernpartner nennt den Betrag und schreibt ihn auf.

Dann legt dein Lernpartner einen Geldbetrag.

1: Geldbetrag bestimmen und vergleichen.   2: Geldbetrag ermitteln und nachlegen.
3: Freundeaufgabe – Im Wechsel Geldbeträge nennen, aufschreiben und legen.

Geldbeträge in Kommaschreibweise

Lisa ordnet ihr Geld nach € und ct.

Sie notiert in einer Tabelle:

4	3	2

Sie schreibt den Betrag mit Komma:

4,32 €

MERKE DIR

Das Komma trennt Euro und Cent.

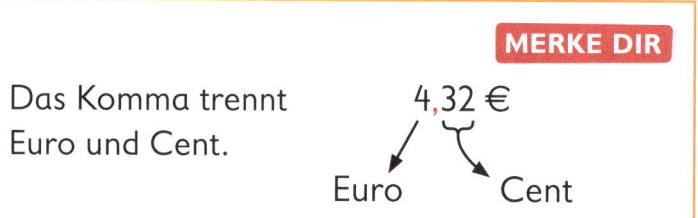

1 Trage die Anzahl der jeweiligen Münzen in der Tabelle ein.
Gib den Geldbetrag mit Komma an.

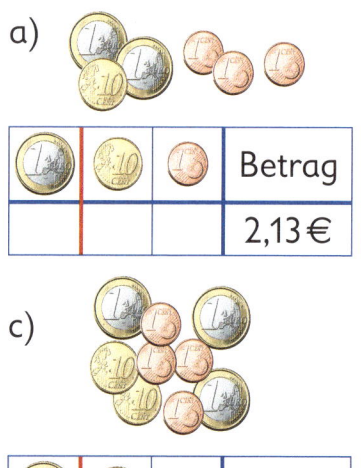

a)

			Betrag
			2,13 €

c)

			Betrag
			€

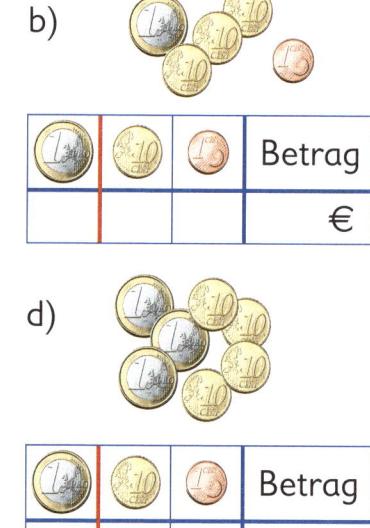

b)

			Betrag
			€

d)

			Betrag
			€

2 Trage die Anzahl der jeweiligen Geldscheine und Münzen in die Tabelle ein.
Gib den Geldbetrag mit Komma an.

a)

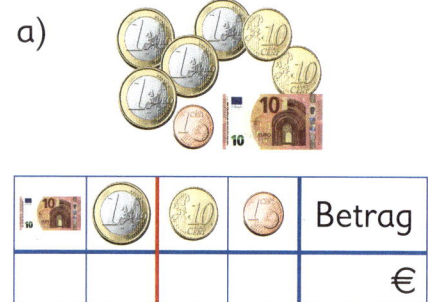

				Betrag
				€

b)

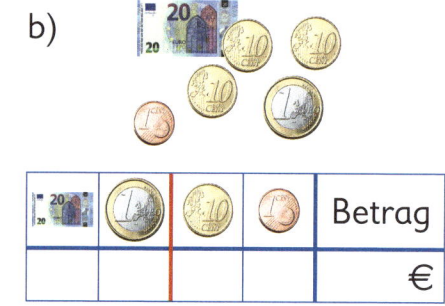

				Betrag
				€

1 Schreibe mit Komma.

a) 5 € 23 ct = 5 , 2 3 €   b) 13 € 40 ct = 1 3 , 4 0 €

2 € 87 ct = ⬚ €   15 € 60 ct = ⬚ €
9 € 15 ct = ⬚ €   22 € 20 ct = ⬚ €
1 € 99 ct = ⬚ €   17 € 50 ct = ⬚ €
0 € 48 ct = ⬚ €   32 € 10 ct = ⬚ €

2 Schreibe in € und ct.

a) 6,93 € = 6 € 9 3 ct   b) 6,70 € = 6 € 7 0 ct

4,53 € = ⬚ € ⬚ ct   8,50 € = ⬚ € ⬚ ct
7,71 € = ⬚ € ⬚ ct   5,20 € = ⬚ € ⬚ ct
1,93 € = ⬚ € ⬚ ct   21,60 € = ⬚ € ⬚ ct
0,64 € = ⬚ € ⬚ ct   30,30 € = ⬚ € ⬚ ct

3 Wandle um: Erst von Cent in Euro und Cent, dann in die Kommaschreibweise.

236 ct	734 ct	168 ct	470 ct	910 ct	180 ct	70 ct
2 € 26 ct						
2,36 €						

4 Wandle um: Erst von der Kommaschreibweise in Euro und Cent, dann in Cent.

7,25 €	5,97 €	4,38 €	9,30 €	1,60 €	0,90 €	0,40 €
7 € 25 ct						
725 ct						

5 Freundeaufgabe – Geldbeträge

Lege einen Geldbetrag der kleiner als 10 € ist.
Dein Lernpartner schreibt den Geldbetrag auf:
a) in Euro und Cent
b) in Kommaschreibweise

Addieren und Subtrahieren mit Hunderterzahlen

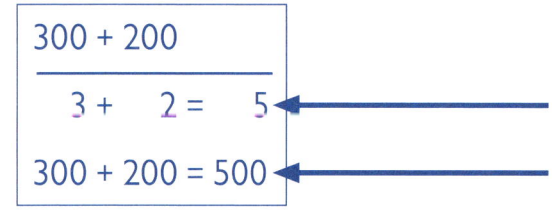

300 + 200	Rechne so:
3 + 2 = 5	Löse erst die bekannte Aufgabe.
300 + 200 = 500	Übertrage das Ergebnis.

2 a) 4 + 2 =
400 + 200 =

b) 5 + ☐ = ☐
500 + ☐ = ☐

c) ☐ + ☐ = ☐
☐ + ☐ = ☐

d) ☐ + ☐ = ☐
☐ + ☐ = ☐

3 a) 2 + 3 =
200 + 300 =

b) 7 + 2 =
700 + 200 =

c) 4 + 5 =
400 + 500 =

d) ☐ + ☐ = ☐
300 + 400 =

e) ☐ + ☐ = ☐
200 + 600 =

f) ☐ + ☐ = ☐
300 + 600 =

4 a) 400 + 200 =
600 + 300 =
200 + 500 =
800 + 100 =

b) 300 + 400 =
200 + 600 =
100 + 500 =
400 + 400 =

c) 200 + 700 =
300 + 300 =
600 + 100 =
300 + 500 =

1

Die Schule hat 500 Luftballons für das Sportfest gekauft.
Aus 200 Luftballons werden Tiere gebastelt.
Wie viele Luftballons bleiben übrig?

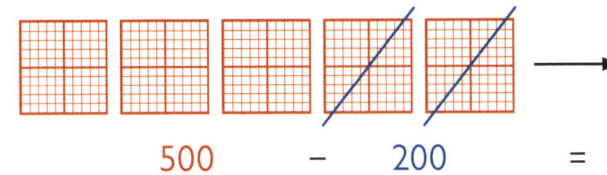

500 − 200 =

500 − 200
5 − 2 = 3
500 − 200 = 300

Rechne so:

Löse erst die bekannte Aufgabe.
Übertrage das Ergebnis.

2 a)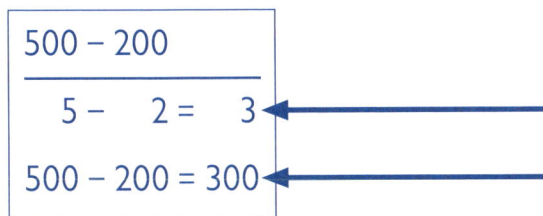

6 − 5 =
600 − 500 =

b)
9 − ☐ = ☐
900 − ☐ = ☐

c)
☐ − ☐ = ☐
☐ − ☐ = ☐

d)
☐ − ☐ = ☐
☐ − ☐ = ☐

3 a) 4 − 3 =
400 − 300 =

b) 8 − 2 =
800 − 200 =

c) 6 − 1 =
600 − 100 =

d) ☐ − ☐ =
700 − 100 =

e) ☐ − ☐ =
900 − 500 =

f) ☐ − ☐ =
500 − 400 =

4 a) 500 − 100 =
600 − 400 =
300 − 200 =
800 − 300 =

b) 400 − 200 =
900 − 100 =
600 − 300 =
700 − 500 =

c) 700 − 200 =
800 − 600 =
900 − 800 =
500 − 300 =

1: Aufgabe mit didaktischem Material legen, Rechenweg erörtern. Analogie erfassen, Aufgabe lösen.
2: Geheimschrift zur Lösung der Aufgaben nutzen, Analogie erkennen. 3, 4: Subtrahieren.

137 + 200 =

Nur der Hunderter ändert sich: 137 + 200 = 327

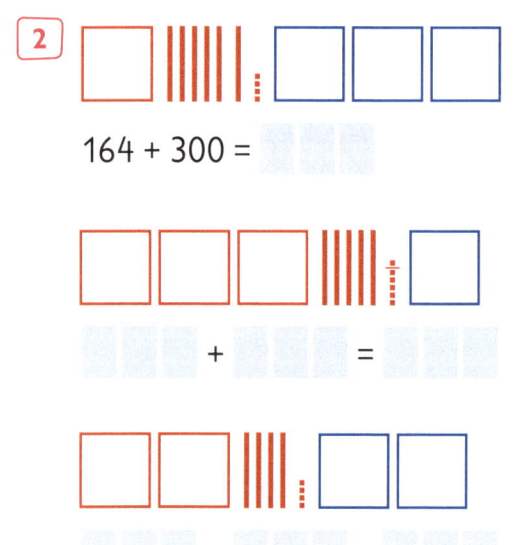

164 + 300 =

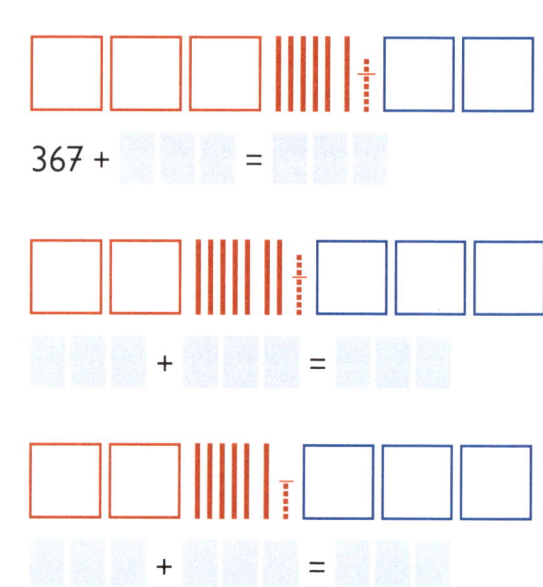

367 + ___ = ___

3 a) 254 + 100 =
254 + 200 =
254 + 300 =
254 + 400 =

b) 479 + 200 =
479 + 300 =
479 + 400 =
479 + 500 =

c) 138 + 200 =
138 + 400 =
138 + 600 =
138 + 800 =

4 a) 236 + 100 =
471 + 200 =
384 + 300 =
147 + 400 =

b) 328 + 500 =
731 + 200 =
846 + 100 =
569 + 300 =

c) 653 + 300 =
350 + 400 =
492 + 500 =
817 + 100 =

36   1: Bild: Rechenweg erörtern.   2: Aufgabe finden, addieren.   3: Struktur erfassen, addieren.   4: Addieren.

1 326 − 200 =

Nur der Hunderter ändert sich: 326 − 200 = 126

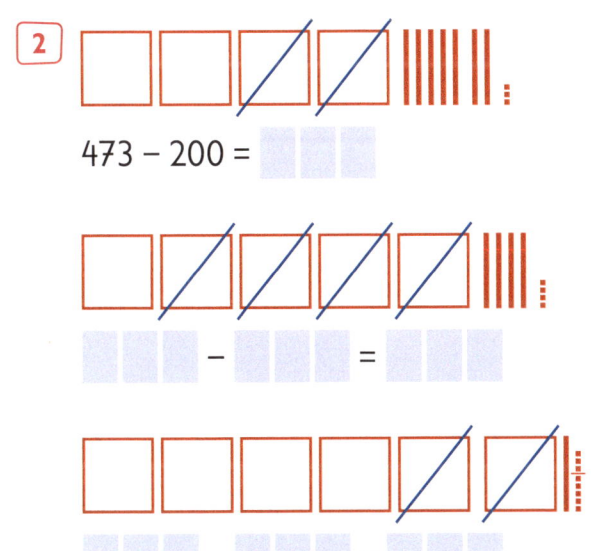

473 − 200 =

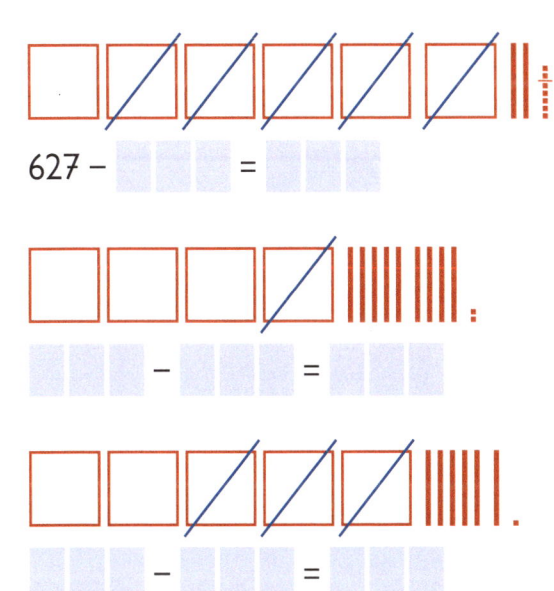

627 − ___ = ___

3
a) 531 − 100 =
531 − 200 =
531 − 300 =
531 − 400 =

b) 768 − 200 =
768 − 300 =
768 − 400 =
768 − 500 =

c) 954 − 400 =
954 − 500 =
954 − 600 =
954 − 700 =

4
a) 265 − 100 =
487 − 200 =
736 − 300 =
813 − 400 =

b) 396 − 200 =
264 − 100 =
929 − 500 =
575 − 300 =

c) 638 − 200 =
849 − 400 =
471 − 300 =
982 − 600 =

1: Aufgabe mit didaktischem Material legen, Rechenweg erörtern, Aufgabe lösen.
2: Geheimschrift zur Lösung der Aufgaben nutzen.   3 Struktur erfassen, subtrahieren.   4: Subtrahieren.

Addieren mit Zehnerzahlen

350 + 20 =

2) 430 + 50 =

270 + ___ =

3) a) 450 + 10 =
450 + 20 =
450 + 30 =
450 + 40 =

b) 830 + 20 =
830 + 30 =
830 + 40 =
830 + 50 =

c) 610 + 20 =
610 + 40 =
610 + 60 =
610 + 80 =

4) a) 320 + 30 =
330 + 30 =
340 + 30 =
350 + 30 =

b) 770 + 20 =
760 + 20 =
750 + 20 =
740 + 20 =

c) 510 + 70 =
520 + 60 =
530 + 50 =
540 + 40 =

1 a)  b)  c)

140 + 30 =   210 + 50 =   150 + 40 =

340 + 30 =   ▢ + ▢ =   ▢ + ▢ =

▢ + ▢ =   ▢ + ▢ =   ▢ + ▢ =

▢ + ▢ =   ▢ + ▢ =   ▢ + ▢ =

2 a) 260 + 30 =   b) 320 + 60 =   c) 170 + 10 =

470 + 10 =   540 + 30 =   810 + 50 =

630 + 50 =   730 + 40 =   420 + 70 =

520 + 40 =   910 + 80 =   730 + 50 =

180   290   380   480   490   560   570   680   770   780   860   990

3 a) 130 + 60 =   b) 370 + 10 =   c) 960 + 20 =

720 + 50 =   250 + 40 =   430 + 30 =

440 + 40 =   620 + 70 –   520 + 60 =

850 + 30 =   530 + 40 =   640 + 30 =

190   290   380   460   480   570   580   670   690   770   880   980

4 a) 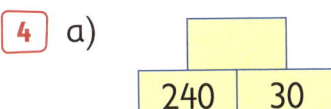   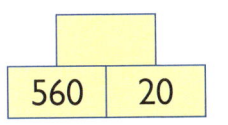   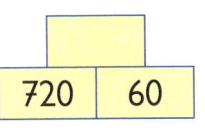 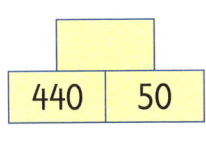

b) 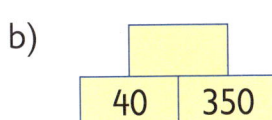   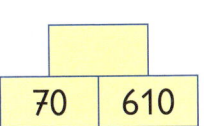   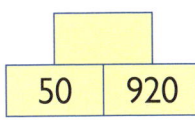 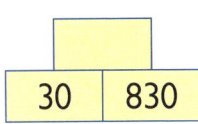

1: Aufgaben bilden und lösen.   2, 3: Addieren, Ergebnisse mit Lösungszahlen kontrollieren.
4: Rechenmauern lösen.

Subtrahieren mit Zehnerzahlen

1

340 − 20 =

2

480 − 30 =   390 − ⬜ = ⬜

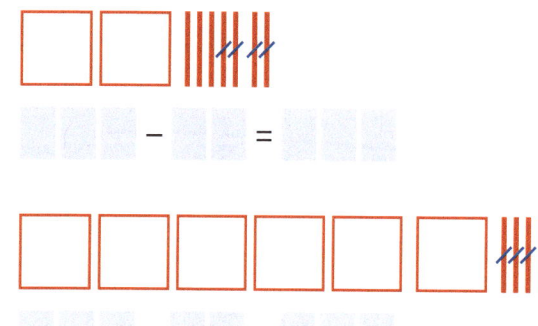

⬜ − ⬜ = ⬜   ⬜ − ⬜ = ⬜

⬜ − ⬜ = ⬜   ⬜ − ⬜ = ⬜

3 a) 260 − 10 =   b) 950 − 20 =   c) 790 − 20 =
   260 − 20 =   950 − 30 =   790 − 40 =
   260 − 30 =   950 − 40 =   790 − 60 =
   260 − 40 =   950 − 50 =   790 − 80 =

4 a) 430 − 20 =   b) 690 − 40 =   c) 530 − 20 =
   440 − 20 =   680 − 40 =   540 − 30 =
   450 − 20 =   670 − 40 =   550 − 40 =
   460 − 20 =   660 − 40 =   560 − 50 =

1 a)  b)  c)

170 − 30 =   360 − 40 =   280 − 50 =
370 − 30 =   ⬚ − ⬚ =   ⬚ − ⬚ =
⬚ − ⬚ =   ⬚ − ⬚ =   ⬚ − ⬚ =
⬚ − ⬚ =   ⬚ − ⬚ =   ⬚ − ⬚ =

2 a) 350 − 40 =   b) 470 − 50 =   c) 580 − 70 =
640 − 20 =   960 − 40 =   190 − 50 =
820 − 10 =   590 − 70 =   650 − 20 =
760 − 30 =   230 − 20 =   870 − 40 =

140 210 310 420 510 520 620 630 730 810 830 920

3 a) 260 − 30 =   b) 740 − 30 =   c) 890 − 50 =
570 − 40 =   390 − 60 =   670 − 50 =
680 − 70 =   880 − 50 =   160 − 20 =
450 − 20 =   560 − 20 =   970 − 60 =

140 230 330 430 530 540 610 620 710 830 840 910

4 a) 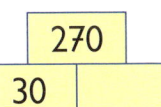   760 / 50   190 / 60   560 / 20

b) 480 / 40   930 / 20   650 / 40   870 / 30

1: Aufgaben bilden und lösen.   2, 3: Subtrahieren, mit Lösungszahlen kontrollieren.   4: Rechenmauern lösen.

Addieren mit dreistelligen Zahlen und Zehnerzahlen

1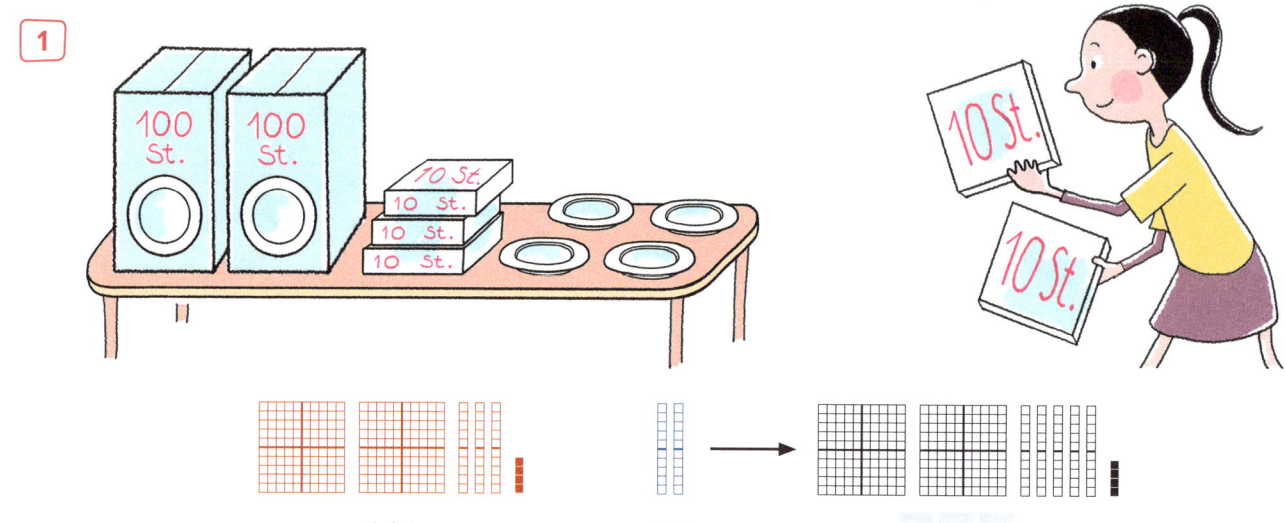

234 + 20 =

2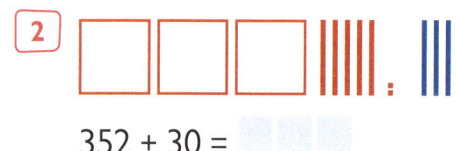

352 + 30 =   517 + ⬜ =

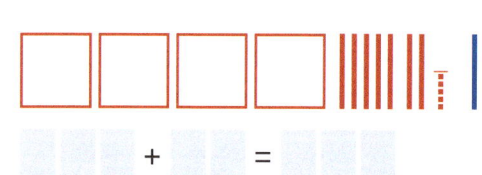

⬜ + ⬜ = ⬜   ⬜ + ⬜ = ⬜

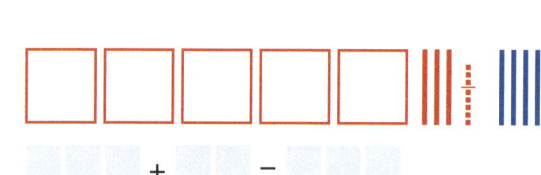

⬜ + ⬜ = ⬜   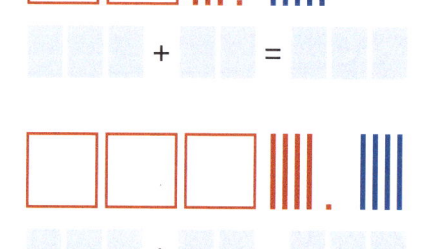 ⬜ + ⬜ = ⬜

3 a) 347 + 10 =   b) 536 + 20 =   c) 714 + 20 =
         347 + 20 =   536 + 30 =   714 + 40 =
         347 + 30 =   536 + 40 =   714 + 60 =
         347 + 40 =   536 + 50 =   714 + 80 =

4 a) 915 + 50 =   b) 261 + 30 =   c) 452 + 20 =
         925 + 50 =   251 + 30 =   442 + 30 =
         935 + 50 =   241 + 30 =   432 + 40 =
         945 + 50 =   231 + 30 =   422 + 50 =

1 a)  b)  c) [flower with 352, 552, 852, 752, +30]

261 + 20 = ▢▢▢   127 + 50 = ▢▢▢   352 + 30 = ▢▢▢
461 + 20 = ▢▢▢   ▢▢▢ + ▢▢ = ▢▢▢   ▢▢▢ + ▢▢ = ▢▢▢
▢▢▢ + ▢▢ = ▢▢▢   ▢▢▢ + ▢▢ = ▢▢▢   ▢▢▢ + ▢▢ = ▢▢▢
▢▢▢ + ▢▢ = ▢▢▢   ▢▢▢ + ▢▢ = ▢▢▢   ▢▢▢ + ▢▢ = ▢▢▢

2 a) 346 + 20 = ▢▢▢   b) 139 + 60 = ▢▢▢   c) 736 + 40 = ▢▢▢
   258 + 30 = ▢▢▢   519 + 70 = ▢▢▢   854 + 10 = ▢▢▢
   539 + 40 = ▢▢▢   623 + 50 = ▢▢▢   921 + 50 = ▢▢▢
   425 + 60 = ▢▢▢   745 + 20 = ▢▢▢   372 + 20 = ▢▢▢

 199 288 366 392 485 579 589 673 765 776 864 971

3 a) 523 + 30 = ▢▢▢   b) 723 + 60 = ▢▢▢   c) 835 + 40 = ▢▢▢
   639 + 40 = ▢▢▢   915 + 70 = ▢▢▢   187 + 10 = ▢▢▢
   471 + 10 = ▢▢▢   324 + 50 = ▢▢▢   734 + 50 = ▢▢▢
   267 + 20 = ▢▢▢   542 + 50 = ▢▢▢   461 + 30 = ▢▢▢

197 287 374 481 491 553 592 679 783 784 875 985

4 a) 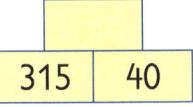 315 | 40   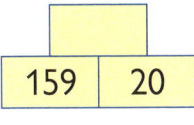 623 | 30   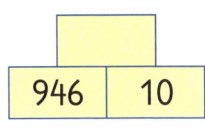 159 | 20   [▢] 946 | 10

b) 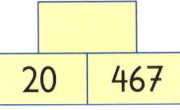 20 | 467   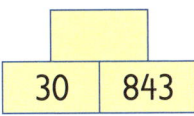 40 | 521   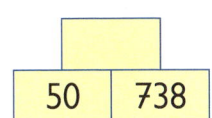 30 | 843   [▢] 50 | 738

1: Aufgaben bilden und lösen.   2, 3: Addieren, mit Lösungszahlen kontrollieren.   4: Rechenmauern lösen.

Subtrahieren mit dreistelligen Zahlen und Zehnerzahlen

1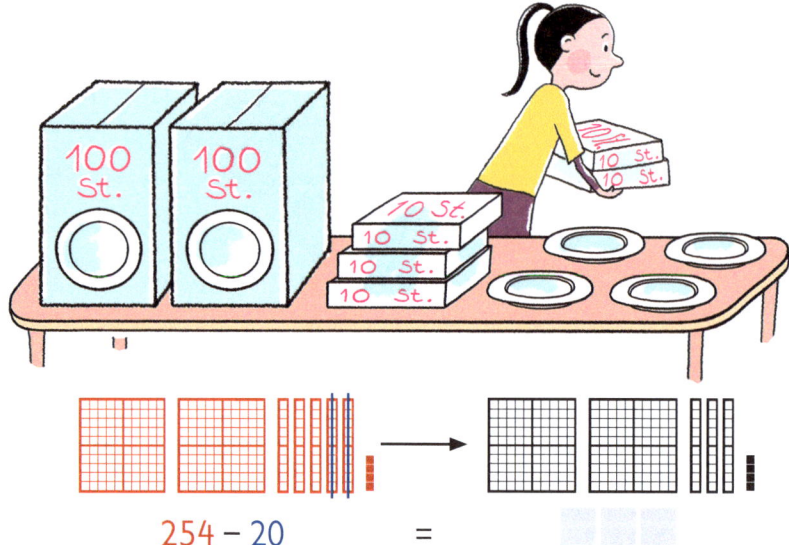

254 − 20 =

2

395 − 70 =

631 −  =

− =

− =

− =

− =

3
a) 176 − 10 =
176 − 20 =
176 − 30 =
176 − 40 =

b) 364 − 20 =
364 − 30 =
364 − 40 =
364 − 50 =

c) 683 − 10 =
683 − 30 =
683 − 50 =
683 − 70 =

4
a) 536 − 20 =
546 − 20 =
556 − 20 =
566 − 20 =

b) 287 − 50 =
277 − 50 =
267 − 50 =
257 − 50 =

c) 859 − 30 =
869 − 40 =
879 − 50 =
889 − 60 =

1 a)  b)  c)

245 − 20 =	172 − 40 =	394 − 30 =
445 − 20 =	___ − ___ =	___ − ___ =
___ − ___ =	___ − ___ =	___ − ___ =
___ − ___ =	___ − ___ =	___ − ___ =

2 a) 653 − 20 =   b) 824 − 10 =   c) 585 − 70 =
   975 − 50 =   749 − 20 =   466 − 40 =
   582 − 40 =   961 − 50 =   378 − 50 =
   147 − 30 =   293 − 40 =   752 − 20 =

117 253 328 426 515 542 633 729 732 814 911 925

3 a) 438 − 20 =   b) 665 − 30 =   c) 843 − 20 =
   957 − 30 =   597 − 70 =   928 − 10 =
   179 − 10 =   258 − 40 =   276 − 50 =
   382 − 50 =   744 − 30 =   361 − 20 =

139 218 226 332 341 418 527 635 714 823 918 927

4 a) 341 / 10 | 186 / 30 | 574 / 50 | 832 / 20

b) 692 / 40 | 258 / 20 | 783 / 60 | 965 / 30

1: Aufgaben bilden und lösen.   2, 3: Subtrahieren, mit Lösungszahlen kontrollieren.   4: Rechenmauern lösen.

45

Addieren und Subtrahieren von Zehnern – Hundertübergang

1 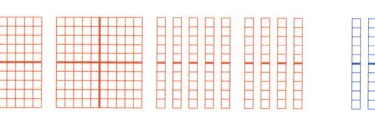 →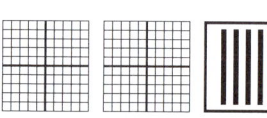

290 + 30

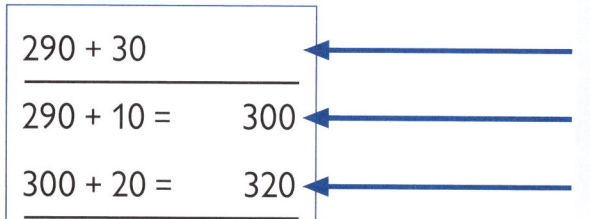

Rechne so:
1. Zerlege die zweite Zahl.
2. Ergänze zum Hunderter.
3. Addiere den Rest.

2 a)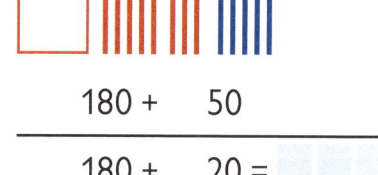

180 + 50
180 + 20 =
___ + ___ =
180 + 50 =

b) 450 + 70
___ + 50 =
___ + ___ =
___ + ___ =

c) 270 + 60
___ + ___ =
___ + ___ =
___ + ___ =

d) 340 + 80
___ + ___ =
___ + ___ =
___ + ___ =

e)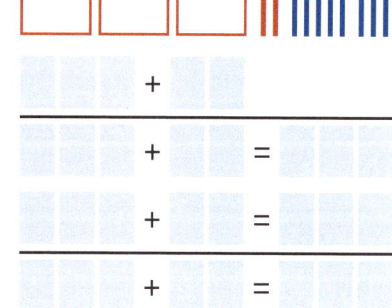

f)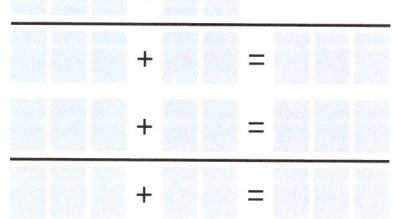

1 a)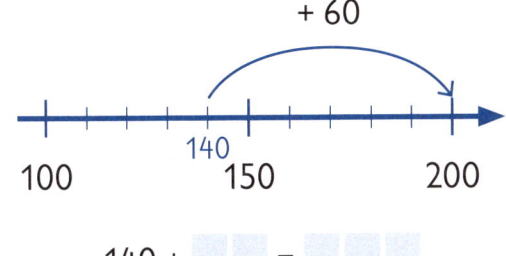

140 + ☐☐ = ☐☐☐

b)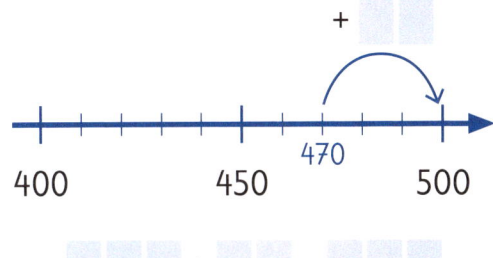

☐☐☐ + ☐☐ = ☐☐☐

2 a) 390 + 10 = ☐☐☐   b) 750 + 50 = ☐☐☐   c) 260 + ☐☐ = 300
380 + 20 = ☐☐☐   270 + 30 = ☐☐☐   430 + ☐☐ = 500
370 + 30 = ☐☐☐   540 + 60 = ☐☐☐   820 + ☐☐ = 900
360 + 40 = ☐☐☐   610 + 90 = ☐☐☐   740 + ☐☐ = 800

3 a)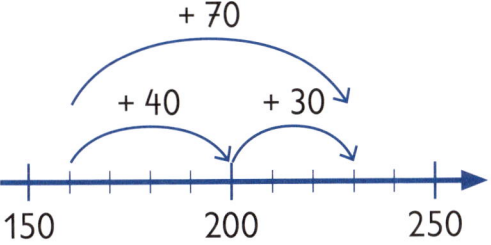

160 + 70
---
160 + 40 = ☐☐☐
☐☐☐ + ☐☐ = ☐☐☐
☐☐☐ + ☐☐ = ☐☐☐

b)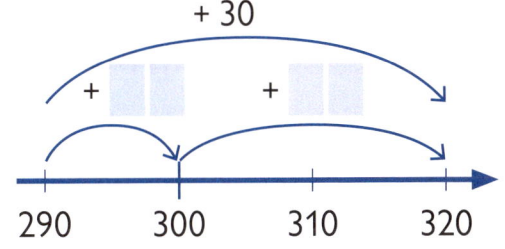

290 + 30

☐☐☐ + ☐☐ = ☐☐☐
☐☐☐ + ☐☐ = ☐☐☐
☐☐☐ + ☐☐ = ☐☐☐

4 a) 280 + 20 = ☐☐☐   b) 860 + 40 = ☐☐☐   c) 370 + ☐☐ = 400
280 + 30 = ☐☐☐   860 + 50 = ☐☐☐   370 + ☐☐ = 410
280 + 40 = ☐☐☐   860 + 60 = ☐☐☐   370 + ☐☐ = 420
280 + 50 = ☐☐☐   860 + 70 = ☐☐☐   370 + ☐☐ = 430

5 a) 470 + 20 = ☐☐☐   b) 550 + 50 = ☐☐☐   c) 780 + ☐☐ = 790
470 + 30 = ☐☐☐   550 + 70 = ☐☐☐   780 + ☐☐ = 800
470 + 40 = ☐☐☐   550 + 90 = ☐☐☐   780 + ☐☐ = 810
470 + 50 = ☐☐☐   550 + 80 = ☐☐☐   780 + ☐☐ = 820

1, 3: Addieren am Zahlenstrahl.
2, 4, 5: Addieren bzw. Ergänzungsaufgaben lösen.

1 Wechsle 1 H in 10 Z.

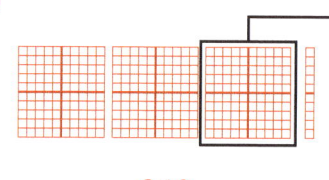 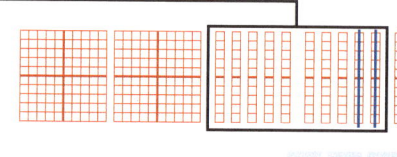

310   310 − 30 =

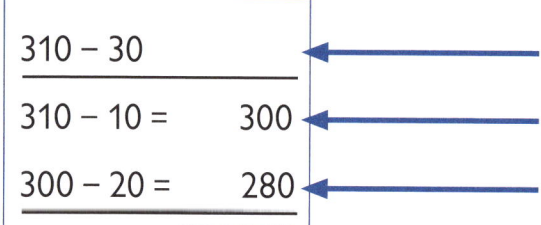

Rechne so:
1. Zerlege die zweite Zahl.
2. Subtrahiere bis zum Hunderter.
3. Subtrahiere den Rest.

310 − 30

310 − 10 = 300

300 − 20 = 280

310 − 30 =

2 a)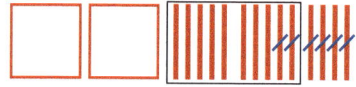

340 −   60
─────────────
340 −   40 =
    −   =
─────────────
340 −   60 =

b)

420 −   50
─────────────
        − 20 =
    −   =
─────────────
    −   =

c)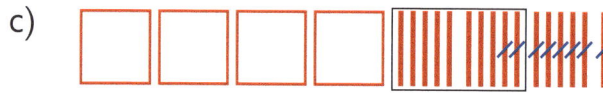

560 −   80
─────────────
    −   =
    −   =
─────────────
    −   =

d)

470 −   90
─────────────
    −   =
    −   =
─────────────
    −   =

e)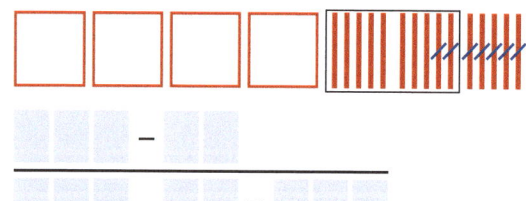

    −
─────────────
    −   =
    −   =
─────────────
    −   =

f)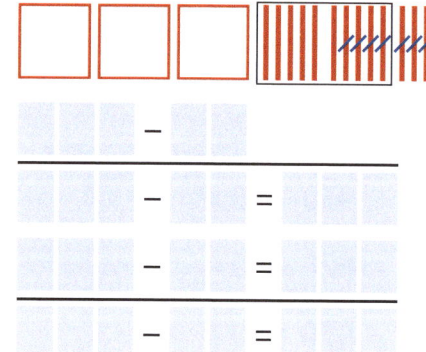

    −
─────────────
    −   =
    −   =
─────────────
    −   =

1 a)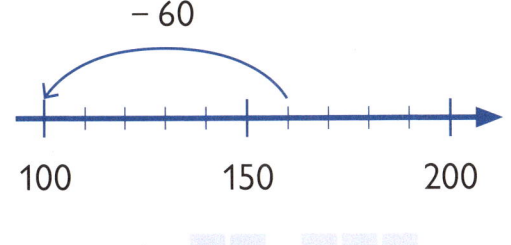

160 − ☐☐ = ☐☐☐

b)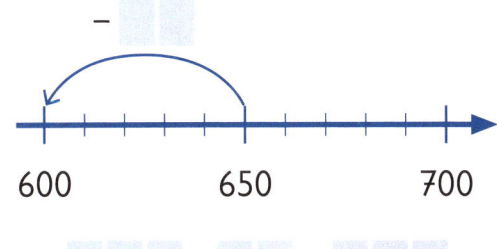

☐☐☐ − ☐☐ = ☐☐☐

2 a) 250 − 20 = ☐☐☐
250 − 30 = ☐☐☐
250 − 40 = ☐☐☐
250 − 50 = ☐☐☐

b) 470 − 40 = ☐☐☐
470 − 50 = ☐☐☐
470 − 60 = ☐☐☐
470 − 70 = ☐☐☐

c) 840 − ☐☐ = 830
840 − ☐☐ = 820
840 − ☐☐ = 810
840 − ☐☐ = 800

3 a)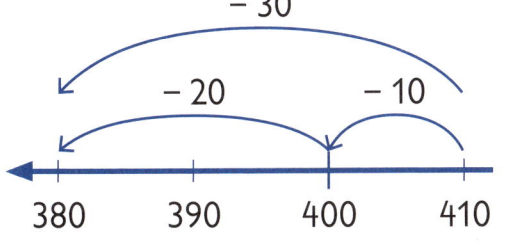

410 − 30
410 − 10 = ☐☐☐
☐☐☐ − ☐☐ = ☐☐☐
☐☐☐ − ☐☐ = ☐☐☐

b)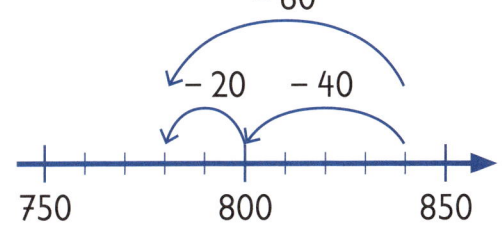

840 − 60
☐☐☐ − ☐☐ = ☐☐☐
☐☐☐ − ☐☐ = ☐☐☐
☐☐☐ − ☐☐ = ☐☐☐

4 a) 540 − 20 = ☐☐☐
540 − 30 = ☐☐☐
540 − 40 = ☐☐☐
540 − 50 = ☐☐☐

b) 410 − 10 = ☐☐☐
410 − 20 = ☐☐☐
410 − 30 = ☐☐☐
410 − 40 = ☐☐☐

c) 720 − ☐☐ = 710
720 − ☐☐ = 700
720 − ☐☐ = 690
720 − ☐☐ = 680

5 a) 360 − 50 = ☐☐☐
360 − 60 = ☐☐☐
360 − 70 = ☐☐☐
360 − 80 = ☐☐☐

b) 930 − 30 = ☐☐☐
930 − 40 = ☐☐☐
930 − 60 = ☐☐☐
930 − 80 = ☐☐☐

c) 610 − ☐☐ = 600
610 − ☐☐ = 590
610 − ☐☐ = 580
610 − ☐☐ = 570

1, 3: Subtrahieren am Zahlenstrahl.
2, 4, 5: Subtrahieren bzw. Ergänzungsaufgaben lösen.

Addieren einstelliger Zahlen zu dreistelligen Zahlen

1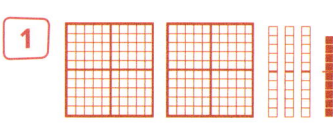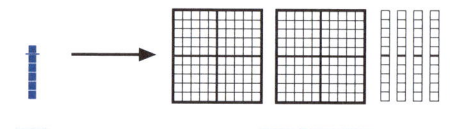

```
239 + 6
―――――――――
239 + 1 =    240      ← 1. Zerlege die zweite Zahl.
240 + 5 =    245      ← 2. Ergänze zum nächsten Zehner.
―――――――――             ← 3. Addiere den Rest.
239 + 6 =
```

Rechne so:
1. Zerlege die zweite Zahl.
2. Ergänze zum nächsten Zehner.
3. Addiere den Rest.

2 a)

165 + 7
―――――――
165 + 5 =
___ + ___ =
―――――――
165 + 7 =

b)

357 + 6
―――――――
___ + 3 =
___ + ___ =
―――――――
___ + ___ =

c)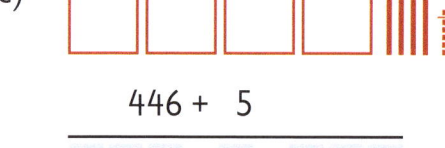

446 + 5
―――――――
___ + ___ =
___ + ___ =
―――――――
___ + ___ =

d)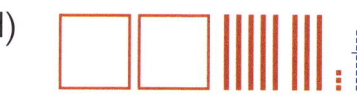

283 + 8
―――――――
___ + ___ =
___ + ___ =
―――――――
___ + ___ =

e)

___ + ___
―――――――
___ + ___ =
___ + ___ =
―――――――
___ + ___ =

f)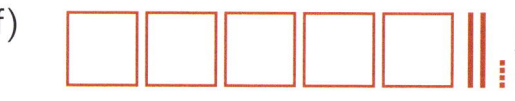

___ + ___
―――――――
___ + ___ =
___ + ___ =
―――――――
___ + ___ =

1 Ich löse zuerst die bekannte Aufgabe 39 + 6.

239 + 6

Wenn 39 + 6 = ☐
dann ist 239 + 6 = ☐

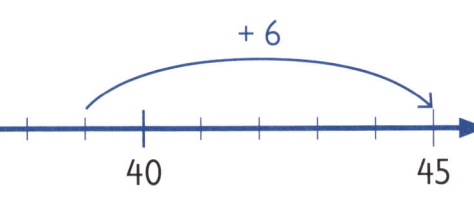
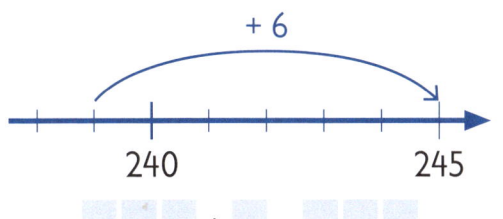

2

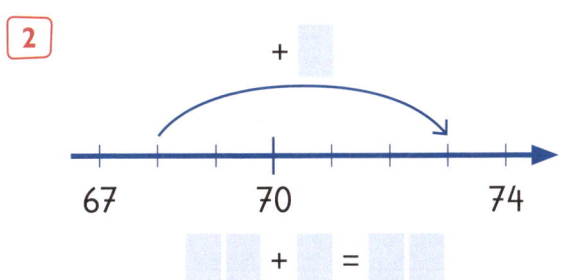
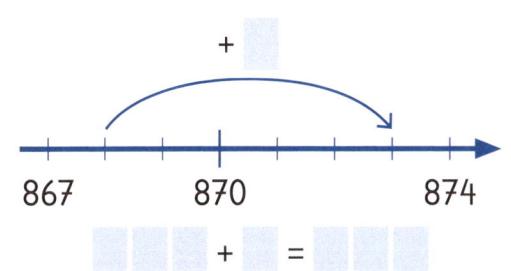

3 a) 25 + 6 = ☐   b) 83 + 9 = ☐   c) 69 + 4 = ☐
125 + 6 = ☐   383 + 9 = ☐   969 + 4 = ☐

37 + 8 = ☐   29 + 0 = ☐   48 + 5 = ☐
237 + 8 = ☐   929 + 0 = ☐   748 + 5 = ☐

4 a) 28 + 4 = ☐   b) 59 + 6 = ☐   c) 45 + 7 = ☐
128 + 4 = ☐   259 + 6 = ☐   745 + 7 = ☐
228 + 4 = ☐   459 + 6 = ☐   345 + 7 = ☐

5 a) 196 + 4 = 200   b) 397 + ☐ = 400   c) 999 + ☐ = 1000
198 + ☐ = 200   391 + ☐ = 400   996 + ☐ = 1000
195 + ☐ = 200   399 + ☐ = 400   992 + ☐ = 1000

1, 2: Analogie erkennen, Zahlenstrahl zum Addieren nutzen.
3 bis 5: Struktur erkennen und zum Lösen der Additionsaufgaben nutzen.

Subtrahieren einstelliger Zahlen von dreistelligen Zahlen

1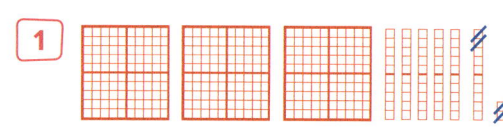

☐☐☐ – ☐ = ☐☐☐

Rechne so:

362 – 4	← 1. Zerlege die zweite Zahl.
362 – 2 = 360	← 2. Subtrahiere bis zum nächsten Zehner.
360 – 2 = 358	← 3. Subtrahiere den Rest.
362 – 4 =	

2 a)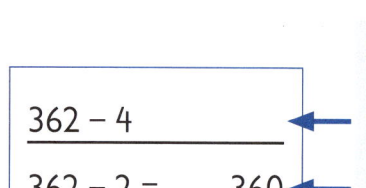

141 – 6
―――――――
141 – 1 = ☐☐☐
☐☐☐ – ☐ = ☐☐☐
―――――――
141 – 6 = ☐☐☐

b)

323 – 5
―――――――
☐☐☐ – 3 = ☐☐☐
☐☐☐ – ☐ = ☐☐☐
―――――――
☐☐☐ – ☐ = ☐☐☐

c)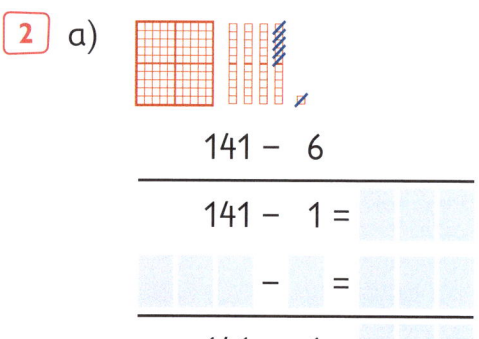

342 – 5
―――――――
☐☐☐ – ☐ = ☐☐☐
☐☐☐ – ☐ = ☐☐☐
―――――――
☐☐☐ – ☐ = ☐☐☐

d)

295 – 6
―――――――
☐☐☐ – ☐ = ☐☐☐
☐☐☐ – ☐ = ☐☐☐
―――――――
☐☐☐ – ☐ = ☐☐☐

e)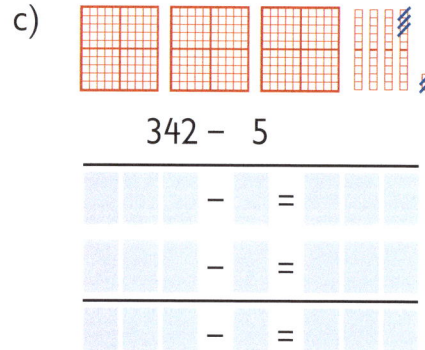

☐☐☐ – ☐
―――――――
☐☐☐ – ☐ = ☐☐☐
☐☐☐ – ☐ = ☐☐☐
―――――――
☐☐☐ – ☐ = ☐☐☐

f)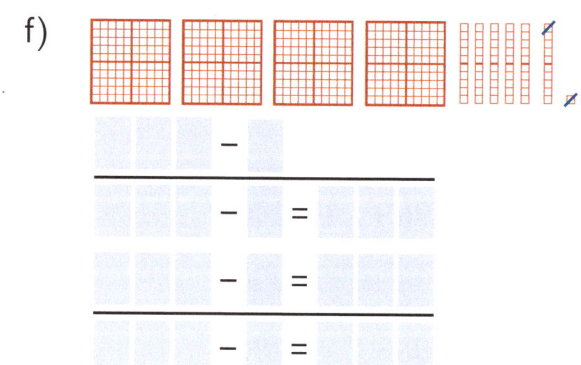

☐☐☐ – ☐
―――――――
☐☐☐ – ☐ = ☐☐☐
☐☐☐ – ☐ = ☐☐☐
―――――――
☐☐☐ – ☐ = ☐☐☐

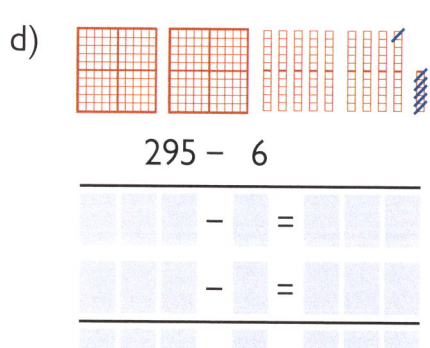
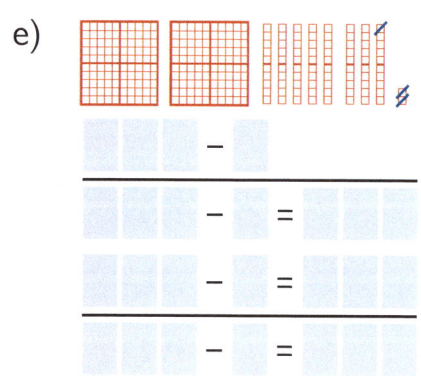

1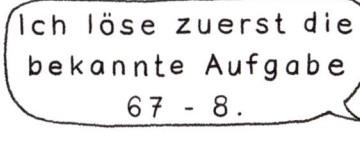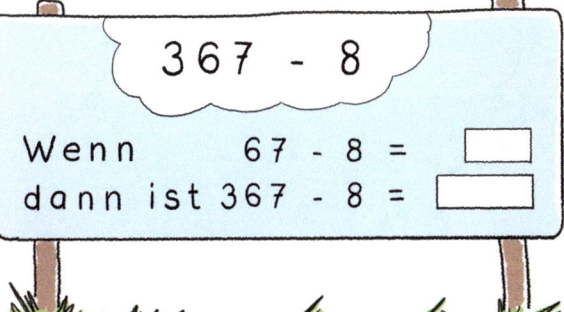

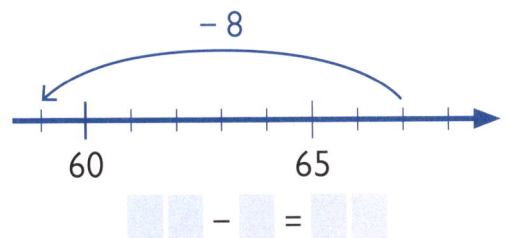 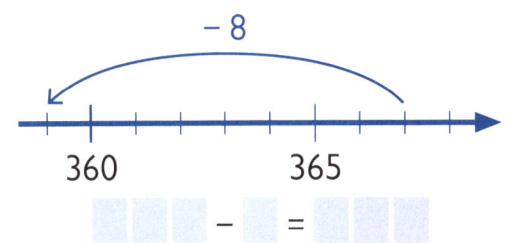

2

3 a) 53 – 4 = b) 74 – 8 = c) 39 – 4 =
153 – 4 =   574 – 8 =   439 – 4 =

81 – 2 =   17 – 9 =   92 – 5 =
381 – 2 =   917 – 9 =   792 – 5 =

4 a) 35 – 6 = b) 73 – 6 = c) 54 – 7 =
135 – 6 =   373 – 6 =   454 – 7 =
235 – 6 =   673 – 6 =   854 – 7 =

5 a) 300 – 4 = 296 b) 600 – = 597 c) 1000 – = 999
300 – = 298   600 – = 599   1000 – = 995
300 – = 295   600 – = 594   1000 – = 992

1, 2: Analogie erkennen, Zahlenstrahl zum Addieren nutzen.
3 bis 5: Struktur erkennen und zum Lösen der Subtraktionsaufgaben nutzen.

Addieren zweistelliger Zahlen zu dreistelligen Zahlen

1

Am Samstag kamen 135 Besucher in den Zirkus und am Sonntag 12 Besucher mehr.
Wie viele Besucher kamen am Sonntag?

135 + 12	
135 + 10 =	145
145 + 2 =	147
135 + 12 =	

2

a)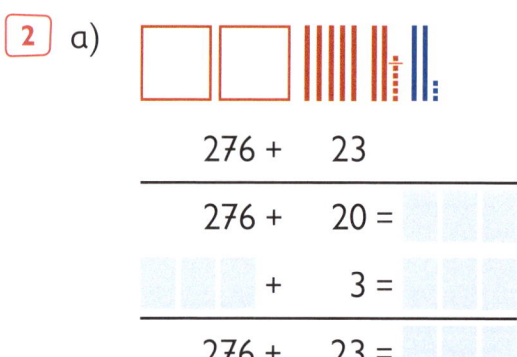

276 + 23
276 + 20 =
___ + 3 =
276 + 23 =

b)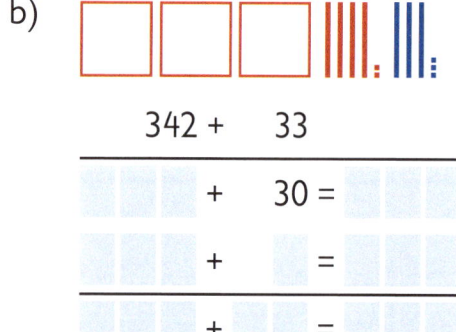

342 + 33
___ + 30 =
___ + ___ =
___ + ___ =

c)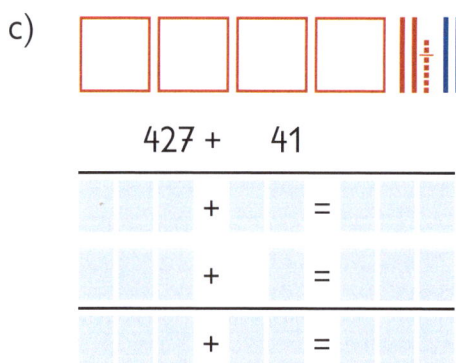

427 + 41
___ + ___ =
___ + ___ =
___ + ___ =

d)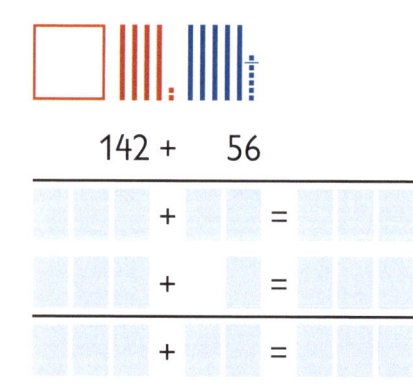

142 + 56
___ + ___ =
___ + ___ =
___ + ___ =

e)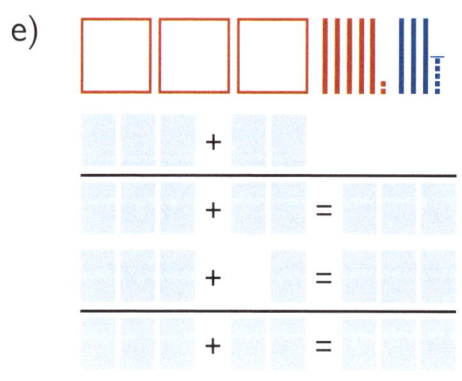

___ + ___
___ + ___ =
___ + ___ =
___ + ___ =

f)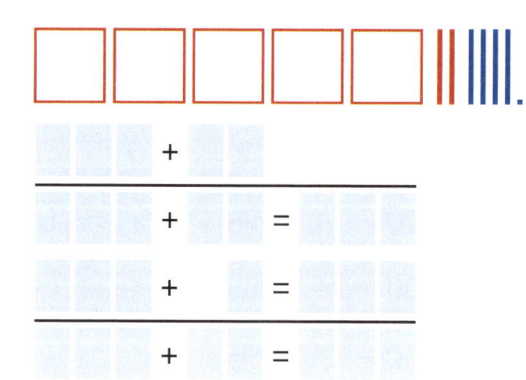

___ + ___
___ + ___ =
___ + ___ =
___ + ___ =

1

Es gibt insgesamt 128 Tiere im Zirkus. Es kommen 15 Tiere dazu.
Wie viele Tiere hat der Zirkus jetzt?

128 + 15	
128 + 10 =	138
138 + 5 =	143
128 + 15 =	

2 a)
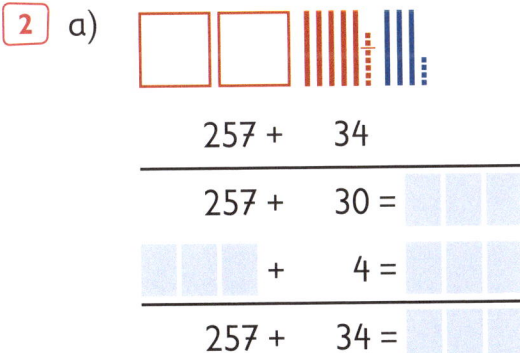

257 + 34
257 + 30 =
___ + 4 =
257 + 34 =

b)
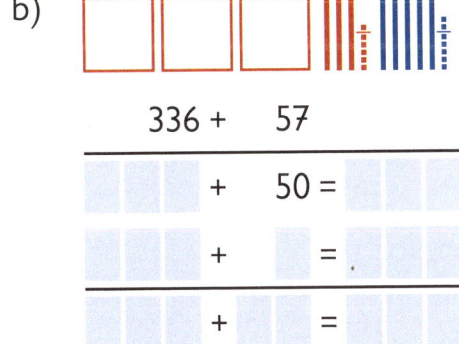

336 + 57
___ + 50 = ___
___ + ___ = ___
___ + ___ = ___

c)
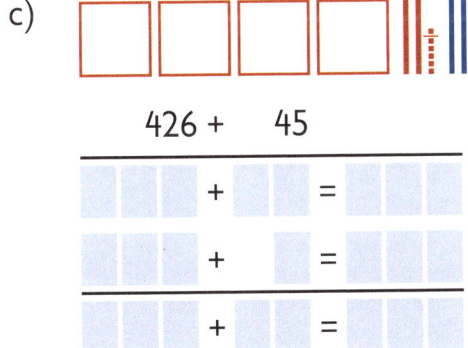

426 + 45
___ + ___ = ___
___ + ___ = ___
___ + ___ = ___

d)
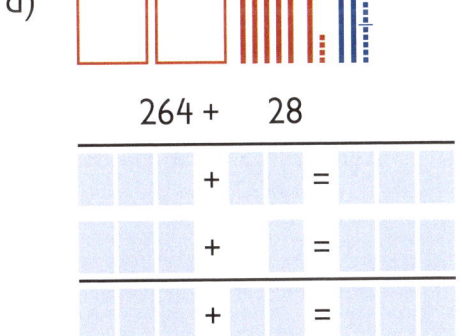

264 + 28
___ + ___ = ___
___ + ___ = ___
___ + ___ = ___

e)
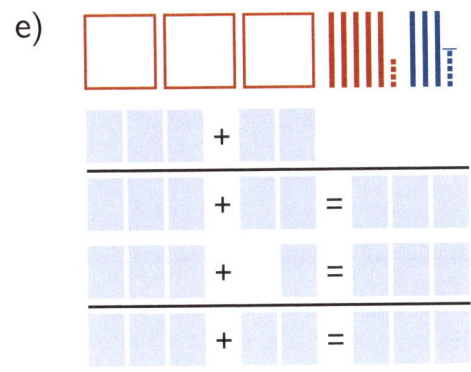

___ + ___
___ + ___ = ___
___ + ___ = ___
___ + ___ = ___

f)
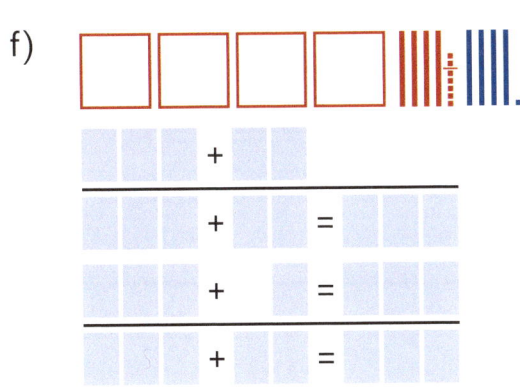

___ + ___
___ + ___ = ___
___ + ___ = ___
___ + ___ = ___

1: Bildinhalt erschließen, Aufgabe lösen, Frage beantworten.
2: Halbschriftliches Addieren mit Zehnerübergang.

Subtrahieren zweistelliger Zahlen von dreistelligen Zahlen

1

Am Samstag kauften 248 Kinder Zuckerwatte. Am Sonntag wurden 23 Portionen weniger verkauft. Wie viel Zuckerwatte wurde am Sonntag verkauft?

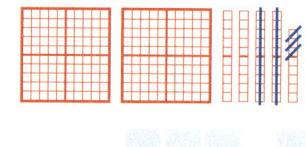

☐ ☐ ☐ − ☐ ☐ = ☐ ☐ ☐

248 − 23	
248 − 20 =	228
228 − 3 =	225
248 − 23 =	☐☐☐

2 a)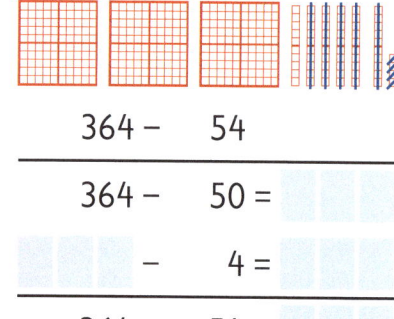

364 − 54
364 − 50 = ☐☐☐
☐☐☐ − 4 = ☐☐☐
364 − 54 = ☐☐☐

b)

295 − 42
295 − 40 = ☐☐☐
☐☐☐ − ☐ = ☐☐☐
295 − 42 = ☐☐☐

c)

183 − 62
☐☐☐ − ☐☐☐ = ☐☐☐
☐☐☐ − ☐ = ☐☐☐
☐☐☐ − ☐ = ☐☐☐

d)

435 − 33
☐☐☐ − ☐☐☐ = ☐☐☐
☐☐☐ − ☐ = ☐☐☐
☐☐☐ − ☐ = ☐☐☐

e)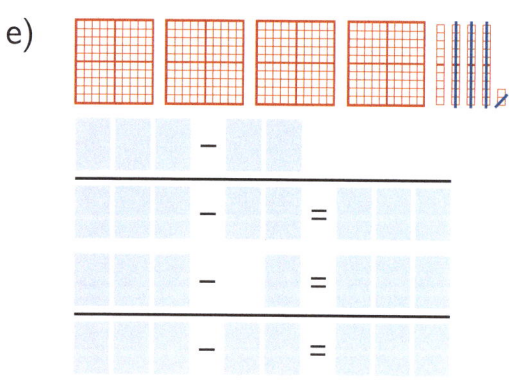

☐☐☐ − ☐☐☐
☐☐☐ − ☐ = ☐☐☐
☐☐☐ − ☐ = ☐☐☐
☐☐☐ − ☐ = ☐☐☐

f)

☐☐☐ − ☐☐☐
☐☐☐ − ☐ = ☐☐☐
☐☐☐ − ☐ = ☐☐☐
☐☐☐ − ☐ = ☐☐☐

1: Bildinhalt erschließen, Aufgabe lösen, Frage beantworten.
2: Halbschriftliches Subtrahieren ohne Zehnerübergang.

1

Am Samstag wurden 243 Flaschen Saft verkauft. Am Sonntag waren es 25 Flaschen weniger.
Wie viele Flaschen wurden am Sonntag verkauft?

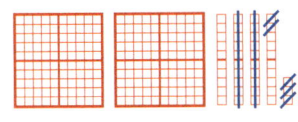

☐☐☐ − ☐☐ = ☐☐☐

243 − 25	
243 − 20 =	223
223 − 5 =	218
243 − 25 =	☐☐☐

2 a)

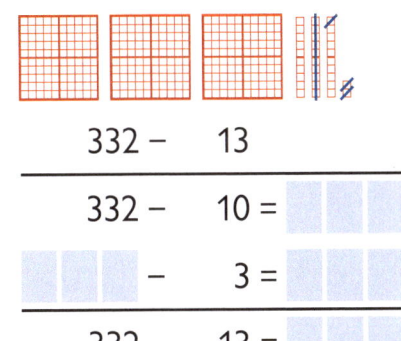

332 − 13
332 − 10 = ☐☐☐
☐☐☐ − 3 = ☐☐☐
332 − 13 = ☐☐☐

b)

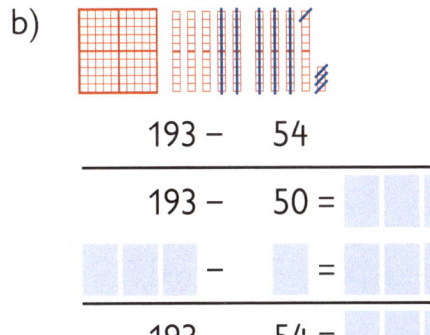

193 − 54
193 − 50 = ☐☐☐
☐☐☐ − ☐ = ☐☐☐
193 − 54 = ☐☐☐

c)

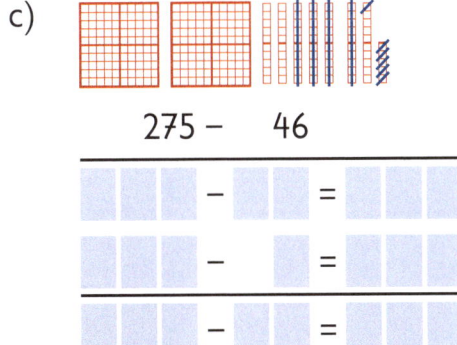

275 − 46
☐☐☐ − ☐☐ = ☐☐☐
☐☐☐ − ☐ = ☐☐☐
☐☐☐ − ☐☐ = ☐☐☐

d)

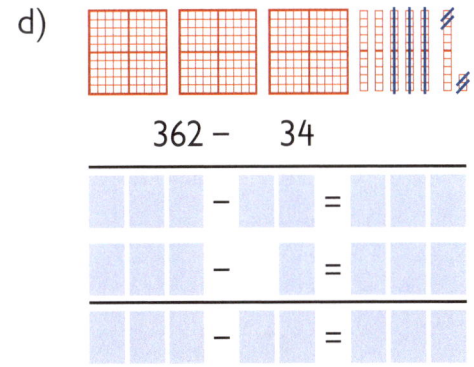

362 − 34
☐☐☐ − ☐☐ = ☐☐☐
☐☐☐ − ☐ = ☐☐☐
☐☐☐ − ☐☐ = ☐☐☐

e)

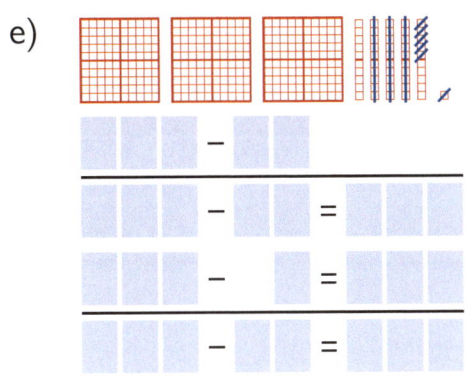

☐☐☐ − ☐☐
☐☐☐ − ☐☐ = ☐☐☐
☐☐☐ − ☐ = ☐☐☐
☐☐☐ − ☐☐ = ☐☐☐

f)

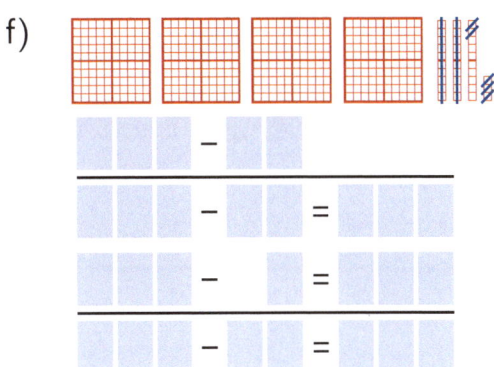

☐☐☐ − ☐☐
☐☐☐ − ☐☐ = ☐☐☐
☐☐☐ − ☐ = ☐☐☐
☐☐☐ − ☐☐ = ☐☐☐

1: Bildinhalt erschließen, Aufgabe lösen, Frage beantworten.
2: Halbschriftliches Subtrahieren mit Zehnerübergang.

Addieren und Subtrahieren

1 Setze die Zahlenfolgen fort.

a) | 125 | 130 | | | | |

b) | 290 | 295 | | | | |

2 Rechne im Kopf.

a) 37 + 2 =
37 + 3 =
37 + 4 =
37 + 5 =

b) 65 + 3 =
65 + 4 =
65 + 5 =
65 + 6 =

c) 46 + ☐ = 48
46 + ☐ = 49
46 + ☐ = 50
46 + ☐ = 51

3 a) 125 + 4 =
125 + 5 =
125 + 6 =
125 + 7 =

b) 356 + 3 =
356 + 4 =
356 + 5 =
356 + 6 =

c) 237 + ☐ = 239
237 + ☐ = 240
237 + ☐ = 241
237 + ☐ = 242

4 Rechne mit der bekannten Aufgabe.

a) 58 + 2 =
158 + 2 =

b) 17 + 4 =
317 + 4 =

c) 35 + ☐ = 40
135 + ☐ = 140

d) 23 + 7 =
123 + 7 =

e) 78 + 3 =
278 + 3 =

f) 49 + ☐ = 52
349 + ☐ = 352

5 a)

24 + 13 =
24 + 14 =
☐ + 15 =
☐ + ☐ =

b)

124 + 13 =
☐ + 14 =
☐ + ☐ =
☐ + ☐ =

c)

524 + 13 =
☐ + ☐ =
☐ + ☐ =
☐ + ☐ =

1 Setze die Zahlenfolgen fort.

a) 180 | 175 | ☐ | ☐ | ☐ | ☐

b) 320 | 315 | ☐ | ☐ | ☐ | ☐

2 Rechne im Kopf.

a) 33 − 2 = ☐
33 − 3 = ☐
33 − 4 = ☐
33 − 5 = ☐

b) 74 − 3 = ☐
74 − 4 = ☐
74 − 5 = ☐
74 − 6 = ☐

c) 52 − ☐ = 51
52 − ☐ = 50
52 − ☐ = 49
52 − ☐ = 48

3 a) 244 − 3 = ☐
244 − 4 = ☐
244 − 5 = ☐
244 − 6 = ☐

b) 365 − 4 = ☐
365 − 5 = ☐
365 − 6 = ☐
365 − 7 = ☐

c) 133 − ☐ = 131
133 − ☐ = 130
133 − ☐ = 129
133 − ☐ = 128

4 Rechne mit der bekannten Aufgabe.

a) 86 − 6 = ☐
186 − 6 = ☐

b) 34 − 5 = ☐
234 − 5 = ☐

c) 40 − ☐ = 37
540 − ☐ = 537

d) 59 − 7 = ☐
159 − 7 = ☐

e) 43 − 6 = ☐
143 − 6 = ☐

f) 62 − ☐ = 59
362 − ☐ = 359

5 a)

53 − 12 = ☐
53 − 13 = ☐
☐ − 14 = ☐
☐ − ☐ = ☐

b)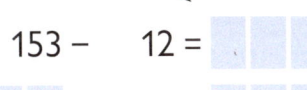

153 − 12 = ☐
☐ − 13 = ☐
☐ − ☐ = ☐
☐ − ☐ = ☐

c)

624 − 12 = ☐
☐ − ☐ = ☐
☐ − ☐ = ☐
☐ − ☐ = ☐

1: Zahlenfolgen vervollständigen.   2 bis 4: Subtrahieren.   5: Aufgabenreihen fortsetzen, subtrahieren.

Kann ich das schon?

1 Lege. Schreibe die Zahl. Trage die Zahl in die Stellenwerttafel ein.

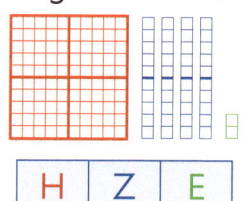

H	Z	E
1	4	2

1 4 2

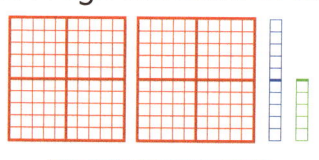

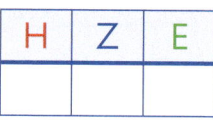

H	Z	E

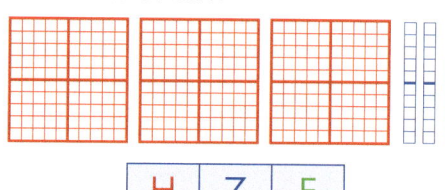

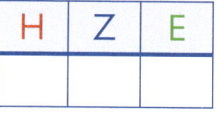

H	Z	E

2 Zahlenstrahl: 0, 50, ..., 500, ..., 1000

3 Setze die Reihen fort.

100	200	300							1000
710	720								800
	370		390						450

4 Ordne.

850, 520, 360, 710, 690, 480 → 3 6 0, ...

340, 480, 270, 910, 830, 540 → 9 1 0, ...

563, 704, 392, 248, 425, 657 → 2 4 8, ...

5 Vergleiche. <, =, >

324 > 243   469 < 712   136 < 163   856 < 871

919 > 891   623 > 362   724 = 724   587 > 568

6
a) 400 + 200 =   b) 700 − 500 =   c) 500 + 300 =
   600 + 300 =   900 − 600 =   600 − 400 =

7
a) 234 + 100 =   b) 587 − 200 =   c) 482 + 400 =
   571 + 400 =   826 − 100 =   719 − 500 =

1 a) 360 + 30 = ◻◻◻   b) 480 − 30 = ◻◻◻   c) 820 + 70 = ◻◻◻
720 + 50 = ◻◻◻   690 − 60 = ◻◻◻   560 − 50 = ◻◻◻

2 a) 476 + 20 = ◻◻◻   b) 352 − 20 = ◻◻◻   c) 615 + 50 = ◻◻◻
827 + 30 = ◻◻◻   572 − 40 = ◻◻◻   984 − 30 = ◻◻◻

3
250 + 70	436 + 43	354 + 38
250 + 50 = ◻◻◻	436 + 40 = ◻◻◻	◻◻◻ + ◻◻ = ◻◻◻
◻◻◻ + 20 = ◻◻◻	◻◻◻ + ◻ = ◻◻◻	◻◻◻ + ◻ = ◻◻◻
◻◻◻ + ◻◻ = ◻◻◻	◻◻◻ + ◻ = ◻◻◻	◻◻◻ + ◻ = ◻◻◻

4
460 − 80	675 − 32	547 − 29
◻◻◻ − ◻◻ = ◻◻◻	◻◻◻ − ◻◻ = ◻◻◻	◻◻◻ − ◻◻ = ◻◻◻
◻◻◻ − ◻◻ = ◻◻◻	◻◻◻ − ◻◻ = ◻◻◻	◻◻◻ − ◻◻ = ◻◻◻
◻◻◻ − ◻◻ = ◻◻◻	◻◻◻ − ◻◻ = ◻◻◻	◻◻◻ − ◻◻ = ◻◻◻

5 Der Zirkus verkaufte am Samstag für 320 € Eintrittskarten und für 70 € Zuckerwatte.

Frage: Wie viel Euro hat der Zirkus insgesamt eingenommen?

Aufgabe:

Antwort:

6 Am Sonntag besuchten 480 Personen den Zirkus. Am Montag waren es 60 Personen weniger.

Frage: Wie viel Besucher waren am Montag im Zirkus?

Aufgabe:

Antwort:

Parallelen – Senkrechte – rechte Winkel

1 Zeichne zur Geraden g zwei parallele Geraden e und f.
Arbeite so:

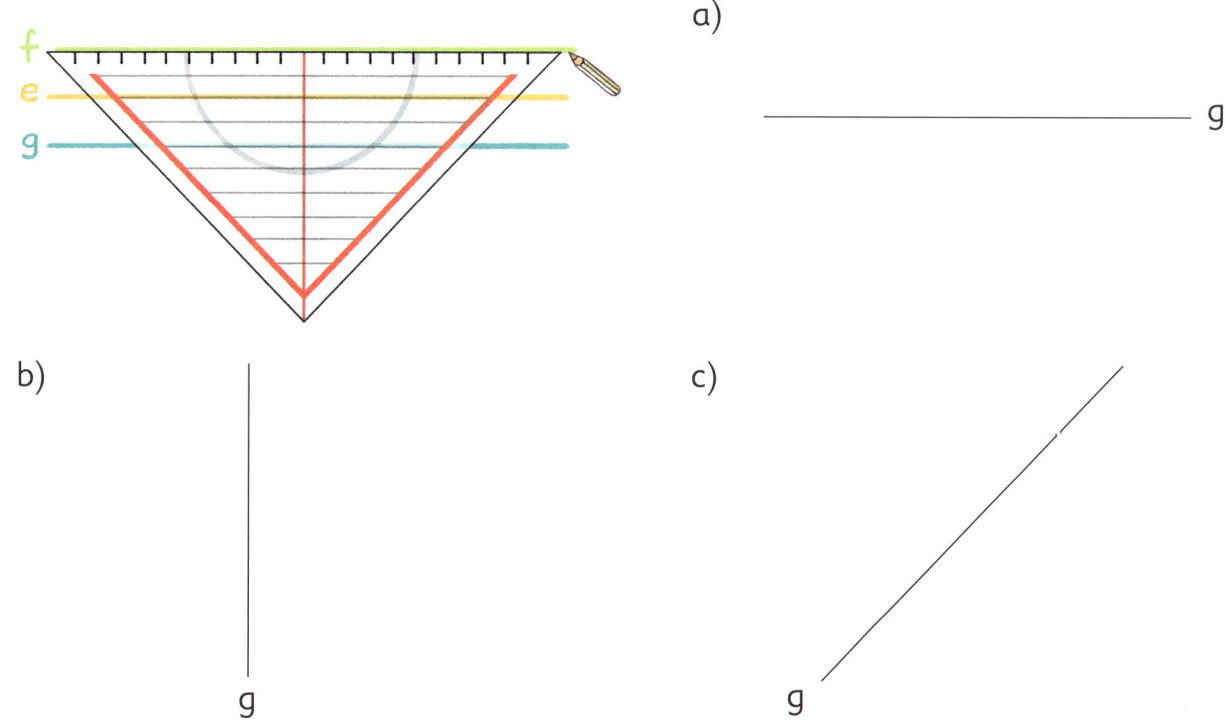

2 Welche Geraden sind zueinander parallel?
Überprüfe mit dem Geodreieck.
Zeichne sie mit gleicher Farbe nach.

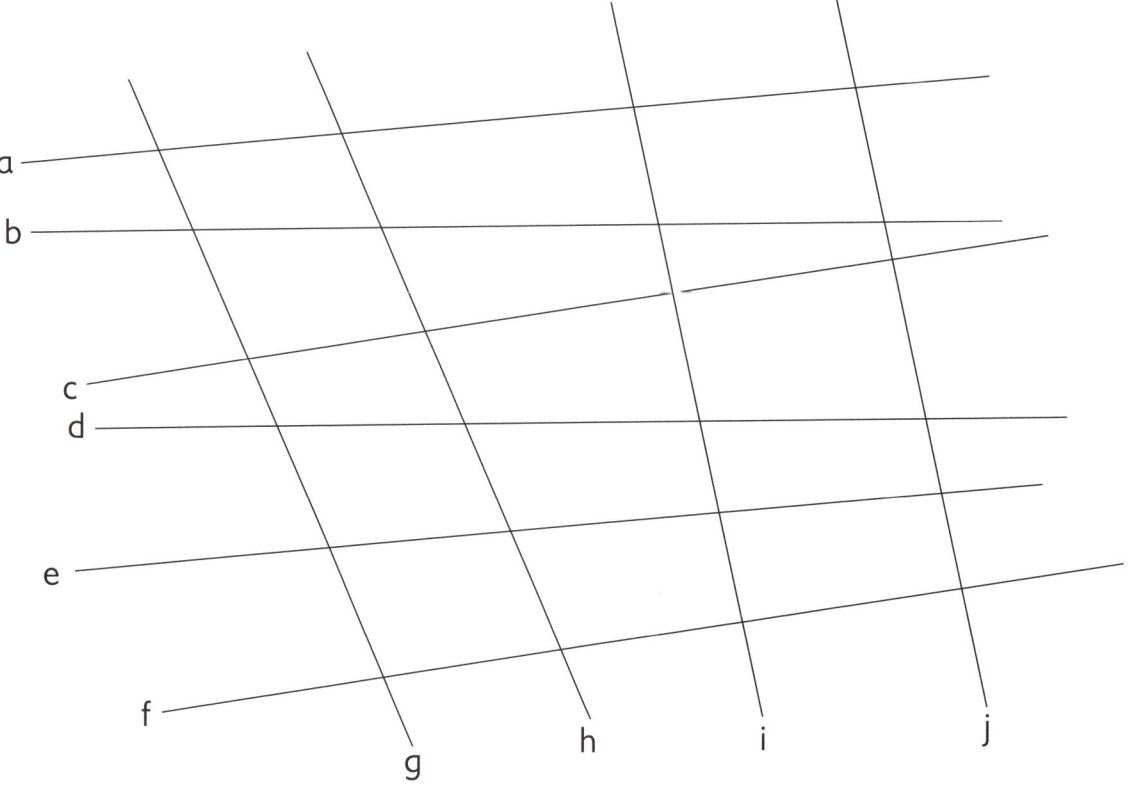

1 Zeichne zur Geraden g drei parallele Geraden a, b, c.

a) ———————————— g

b)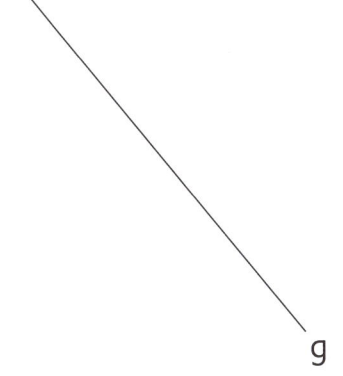

2 Welche Seiten sind zueinander parallel? Zeichne sie mit gleicher Farbe nach.

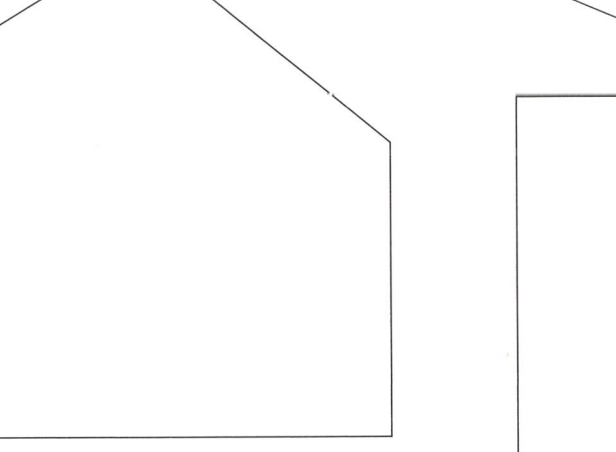

1 Zeichne zur Geraden g eine senkrechte Gerade f.
Arbeite so:

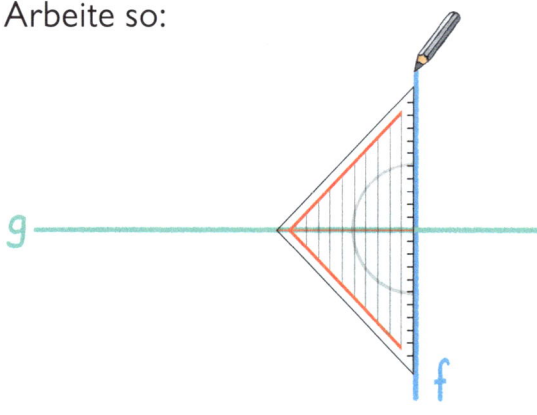

a)

b)   c)   d)

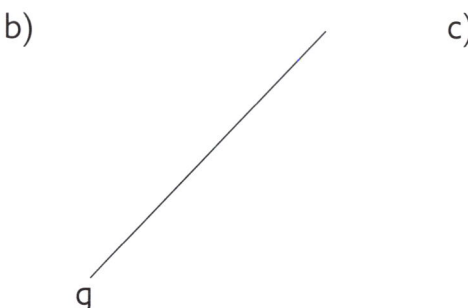  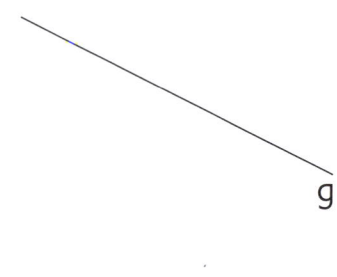

2 **Freundeaufgabe – Geraden zeichnen mit dem Geodreieck**

a)   Zeichne eine Gerade g.
Dein Lernpartner zeichnet zu dieser Geraden
2 parallele Geraden mit dem Geodreieck.

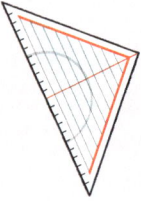

b)   Zeichne eine Gerade g.
Dein Lernpartner zeichnet zu dieser Geraden 2 senkrechte Geraden mit dem Geodreieck.

1 Welche Seiten sind zueinander senkrecht?
Zeichne sie mit gleicher Farbe nach.

a) 　　　b) 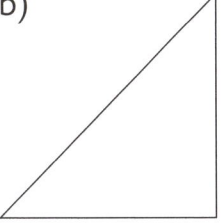　　　c)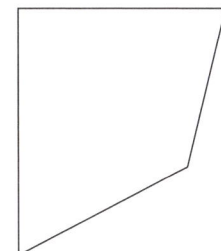

d) 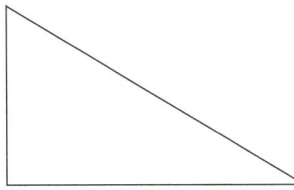　　　e) 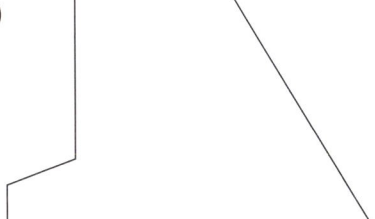　　　f)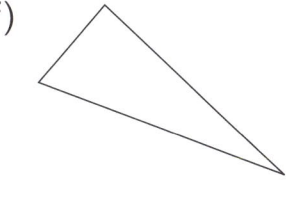

2 Wie viele rechte Winkel findest du in jeder Figur?
Kennzeichne jeden rechten Winkel so:

a) 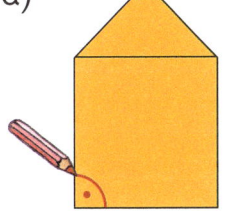　　b) 　　c) 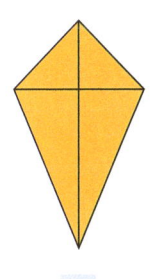　　d)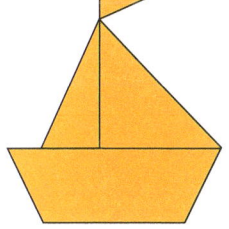

Rechte Winkel:

e)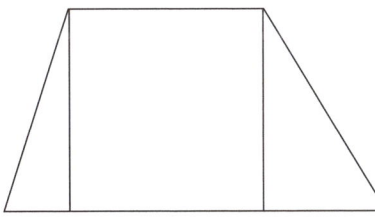

Rechte Winkel:

f)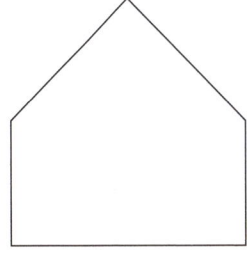

Rechte Winkel:

1: Zueinander senkrechte Seiten erkennen und kennzeichnen.
2: Anzahl der rechten Winkel bestimmen und kennzeichnen.

Meter – Zentimeter – Millimeter

1 a) Gib die Längen in Zentimeter an.   b) Gib die Längen in Millimeter an.

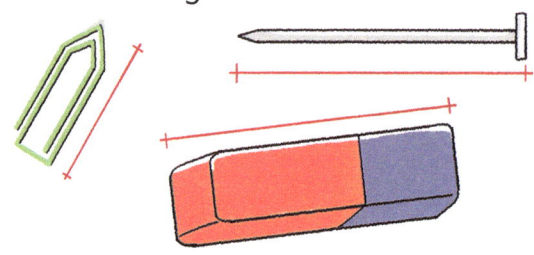 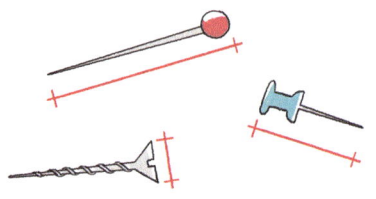

	gemessen
Büroklammer	cm
Nagel	cm
Radiergummi	cm

	gemessen
Stecknadel	mm
Schraubenkopf	mm
Pinnadel	mm

2 Welche Länge könnte es sein? Ordne zu.

12 cm 6 mm   4 m   1 m 40 cm   128 m   5 mm

3 Gib die Länge der Seiten des Rechtecks an.

$\overline{AB}$ =   cm   mm

$\overline{BC}$ =   cm   mm

$\overline{CD}$ =   cm   mm

$\overline{AD}$ =   cm   mm

4 Miss die Gegenstände:

a) Länge deines Füllers   cm   mm

b) Länge der Tafel   m   cm

c) Höhe der Tür   m   cm

d) Breite der Tür   m   cm

e) Länge des Klassenzimmers   m   cm

f) Breite deines Schülertisches   cm

g) Höhe (Stärke) deines Arbeitsbuches.   mm

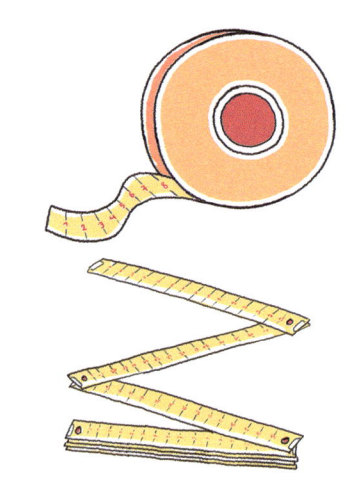

1 Trage die Längen der Strecken in die Tabelle ein.

Strecke	cm und mm	mm
$\overline{AB}$	1 cm 5 mm	15 mm
$\overline{CD}$		
$\overline{EF}$		
$\overline{GH}$		
$\overline{ST}$		

Tipp! Erinnere dich: 1 cm = 10 mm

2 Zeichne die Strecken. Gib die Längen in Millimeter an.

Beispiel: A⊢————————⊣B $\overline{AB}$ = 4 cm 3 mm = 43 mm

a) $\overline{CD}$ = 3 cm 8 mm = ⬚ mm

b) $\overline{EF}$ = 5 cm 4 mm = ⬚ mm

c) $\overline{GH}$ = 9 cm 2 mm = ⬚ mm

d) $\overline{IK}$ = 3 cm 7 mm = ⬚ mm

1
1 cm = ☐ mm   73 cm = ☐ mm   5 cm 6 mm = ☐ mm
8 cm = ☐ mm   81 cm = ☐ mm   8 cm 2 mm = ☐ mm
4 cm = ☐ mm   100 cm = ☐ mm   31 cm 9 mm = ☐ mm

2
30 mm = ☐ cm   110 mm = ☐ cm   150 mm = ☐ cm
50 mm = ☐ cm   780 mm = ☐ cm   1 000 mm = ☐ cm
100 mm = ☐ cm   190 mm = ☐ cm   10 mm = ☐ cm

3 Vergleiche. <, =, >

4 mm ☐ 1 cm   3 cm ☐ 10 mm   50 mm ☐ 4 cm
12 mm ☐ 2 cm   8 cm ☐ 88 mm   300 mm ☐ 30 cm
10 mm ☐ 1 cm   14 cm ☐ 400 mm   6 cm 5 mm ☐ 65 mm

4
20 mm + 120 mm = ☐ mm   220 mm − 110 mm = ☐ mm
330 mm + 250 mm = ☐ mm   430 mm − 30 mm = ☐ mm
410 mm + 160 mm = ☐ mm   330 mm − 120 mm = ☐ mm

5 Freundeaufgabe – Länge einer Strecke messen

Zeichne zwei verschieden lange Strecken $\overline{AB}$ und $\overline{EF}$.
Dein Lernpartner misst und notiert die Länge:

$\overline{AB}$ = ☐ mm $\overline{EF}$ = ☐ mm
$\overline{AB}$ = ☐ cm ☐ mm $\overline{EF}$ = ☐ cm ☐ mm

1, 2: Umwandeln: cm/mm.   3: Längenangaben vergleichen, Relationszeichen setzen.   4: Addieren/Subtrahieren von Längenangaben.
5: Freundeaufgabe – Zeichnen und Messen von Strecken.

1

Paula
1 m 43 cm

Josi
1 m 58 cm

Clara
1 m 36 cm

Rudi
1 m 62 cm

Tim
1 m 55 cm

Kind	Länge (Größe)	
	m cm	cm
Paula	1 m 43 cm	143 cm
Josi		
Clara		
Rudi		
Tim		

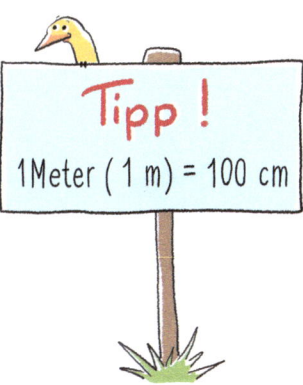

Tipp!
1 Meter (1 m) = 100 cm

2 Vergleiche. < , = , >

a) 600 cm ○ 6 m
    100 cm ○ 10 m
    530 cm ○ 53 m
    810 cm ○ 8 m

b) 9 m ○ 90 cm
    15 m ○ 100 cm
    33 m ○ 300 cm
    10 m ○ 1000 cm

c) 95 cm ○ 9 m
    2 m ○ 201 cm
    5 m 75 cm ○ 575 cm
    1 m 30 cm ○ 13 cm

3 Wie viele Zentimeter fehlen bis zu einem Meter? Ergänze.

Rechne so: 23 cm + **77** cm = 100 cm

a) 70 cm + ☐ cm = 100 cm
    30 cm + ☐ cm = 100 cm
    60 cm + ☐ cm = 100 cm
    80 cm + ☐ cm = 100 cm

b) 55 cm + ☐ cm = 100 cm
    34 cm + ☐ cm = 100 cm
    69 cm + ☐ cm = 100 cm
    77 cm + ☐ cm = 100 cm

4 Wandle um. Gib in Zentimeter an.

3 m 54 cm	9 m 75 cm	5 m 40 cm	2 m 18 cm	1 m 15 cm	7 m 5 cm	3 m 6 cm
354 cm						

1: Längenangaben in die Tabelle eintragen und in Zentimeter angeben.
2: Längenangaben vergleichen.   3: Ergänze zu hundert Zentimeter.   4: Umrechnen.

Längenangaben in Kommaschreibweise

1 Schreibe mit Komma.

Oskar 1m 61 cm | Anton 1m 55 cm | Maria 1m 37 cm | Ina 1m 23 cm

MERKE DIR

Das Komma trennt Meter und Zentimeter.

3,15 m → Meter   Zentimeter

Ina	1 m 23 cm	1,23 m
Maria		
Anton		
Oskar		

2

3 m 40 cm	3,40 m
2 m 30 cm	
1 m 84 cm	
4 m 57 cm	
5 m 18 cm	

9 m 7 cm	9,07 m
7 m 5 cm	
6 m 20 cm	
8 m 1 cm	
1 m 9 cm	

17 m 18 cm	17,18 m
27 m 49 cm	
30 m 22 cm	
50 m 5 cm	
73 m 4 cm	

3

4,25 m = 4 m 2 5 cm
6,15 m = ___ m ___ cm
8,74 m = ___ m ___ cm
5,55 m = ___ m ___ cm
9,72 m = ___ m ___ cm

193 cm = 1,93 m
379 cm = ___ m
875 cm = ___ m
109 cm = ___ m
906 cm = ___ m

8,10 m = 8 1 0 cm
4,90 m = ___ cm
6,40 m = ___ cm
3,07 m = ___ cm
8,03 m = ___ cm

4

265 cm	2 m 65 cm	2,65 m
643 cm		
980 cm		
888 cm		

195 cm	m cm	m
202 cm		
990 cm		
1000 cm		

1

15 mm	1 cm 5 mm	1,5 cm
19 mm		1,9 cm
43 mm		4,3 cm
65 mm		6,5 cm
89 mm		8,9 cm

MERKE DIR

Das Komma trennt Zentimeter und Millimeter.

1,5 cm → Zentimeter, Millimeter

2

105 mm	10 cm 5 mm	10,5 cm
118 mm		11,8 cm
125 mm		12,5 cm
99 mm		9,9 cm
152 mm		15,2 cm

Tipp!
1 m = 100 cm
1 cm = 10 mm

3

4,5 cm =	4 cm 5 mm	103 mm =	10,3 cm	132 mm =	1 3 cm 2 mm
8,8 cm =	cm mm	235 mm =	cm	146 mm =	cm mm
6,4 cm =	cm mm	691 mm =	cm	104 mm =	cm mm
10,2 cm =	cm mm	509 mm =	cm	205 mm =	cm mm
12,6 cm =	cm mm	999 mm =	cm	325 mm =	cm mm

4 Freundeaufgabe – Länge einer Strecke messen

Zeichne zwei verschieden lange Strecken $\overline{AB}$ und $\overline{EF}$.
Dein Lernpartner misst und notiert die Länge:

$\overline{AB}$ = ___ mm $\overline{EF}$ = ___ mm

$\overline{AB}$ = ___ cm ___ mm $\overline{EF}$ = ___ cm ___ mm

$\overline{AB}$ = ___ , ___ cm $\overline{EF}$ = ___ , ___ cm

1 bis 3: Umwandeln von Längenangaben.   4: Freundeaufgabe – Strecken zeichnen und messen. Länge in drei Schreibweisen angeben.

Addieren zweistelliger Zahlen ohne Überschreiten des Hunderters

1 Zum Herbstfest wurden 130 Flaschen Limo und 45 Flaschen Wasser verkauft. Wie viele Flaschen wurden insgesamt verkauft?

130 + 45

130 + 45	
130 + 40 =	170
170 + 5 =	175
130 + 45 =	

Tipp! Zerlege 45 in 40 und 5.

Zum Herbstfest wurden insgesamt ___ Flaschen verkauft.

2

270 + 28
270 + 20 =
___ + 8 =
270 + 28 =

340 + 32
___ + 30 =
___ + 2 =
___ + ___ =

450 + 47
___ + 40 =
___ + 7 =
___ + ___ =

160 + 39
___ + 30 =
___ + ___ =
___ + ___ =

550 + 28
___ + 20 =
___ + ___ =
___ + ___ =

250 + 46
___ + 40 =
___ + ___ =
___ + ___ =

3

360 + 39
___ + ___ =
___ + ___ =
___ + ___ =

710 + 81
___ + ___ =
___ + ___ =
___ + ___ =

870 + 29
___ + ___ =
___ + ___ =
___ + ___ =

520 + 79
___ + ___ =
___ + ___ =
___ + ___ =

430 + 62
___ + ___ =
___ + ___ =
___ + ___ =

740 + 46
___ + ___ =
___ + ___ =
___ + ___ =

Addieren zweistelliger Zahlen mit Überschreiten des Hunderters

1 Zum Herbstfest wurden 160 rote Luftballons und 53 blaue Luftballons zum Schmücken des Schulhauses verwendet.
Wie viele Luftballons wurden insgesamt verwendet?

160 + 53

160 + 53	
160 + 50 =	210
210 + 3 =	213
160 + 53 =	

Tipp! Zerlege 53 in 50 und 3.

Es wurden insgesamt ⬜⬜ Luftballons zum Schmücken verwendet.

2

170 + 38
170 + 30 = ⬜
⬜ + 8 = ⬜
170 + 38 = ⬜

250 + 52
⬜ + 50 = ⬜
⬜ + 2 = ⬜
⬜ + ⬜ = ⬜

460 + 45
⬜ + 40 = ⬜
⬜ + 5 = ⬜
⬜ + ⬜ = ⬜

190 + 39
⬜ + 30 = ⬜
⬜ + ⬜ = ⬜
⬜ + ⬜ = ⬜

370 + 43
⬜ + 40 = ⬜
⬜ + ⬜ = ⬜
⬜ + ⬜ = ⬜

290 + 56
⬜ + 50 = ⬜
⬜ + ⬜ = ⬜
⬜ + ⬜ = ⬜

3

680 + 41
⬜ + ⬜ = ⬜
⬜ + ⬜ = ⬜
⬜ + ⬜ = ⬜

780 + 63
⬜ + ⬜ = ⬜
⬜ + ⬜ = ⬜
⬜ + ⬜ = ⬜

880 + 39
⬜ + ⬜ = ⬜
⬜ + ⬜ = ⬜
⬜ + ⬜ = ⬜

570 + 79
⬜ + ⬜ = ⬜
⬜ + ⬜ = ⬜
⬜ + ⬜ = ⬜

450 + 67
⬜ + ⬜ = ⬜
⬜ + ⬜ = ⬜
⬜ + ⬜ = ⬜

770 + 55
⬜ + ⬜ = ⬜
⬜ + ⬜ = ⬜
⬜ + ⬜ = ⬜

1: Lösungsweg nachvollziehen.   2, 3: Addieren nach erarbeiteter Schrittfolge.

Subtrahieren zweistelliger Zahlen ohne Überschreiten des Hunderters

1 Die Bücherei hat 250 Comics. Davon sind 39 Comics ausgeliehen. Wie viele Comics sind noch da?

250 − 39

250 − 39	
250 − 30 =	220
220 − 9 =	211
250 − 39 =	

Tipp! Zerlege 39 in 30 und 9.

Es sind noch ___ Bücher da.

2

270 − 23	350 − 34	480 − 45
270 − 20 =	− 30 =	− 40 =
− 3 =	− 4 =	− 5 =
270 − 23 =	− =	− =

190 − 39	580 − 68	990 − 76
190 − 30 =	− 60 =	− 70 =
− =	− =	− =
− =	− =	− =

3

570 − 47	490 − 72	740 − 31
− =	− =	− =
− =	− =	− =
− =	− =	− =

360 − 58	660 − 44	190 − 69
− =	− =	− =
− =	− =	− =
− =	− =	− =

Subtrahieren zweistelliger Zahlen mit Überschreiten des Hunderters

1 Ein Kino hat 260 Plätze. Davon sind bereits 95 Plätze belegt.
Wie viele Plätze sind noch frei?

260 − 95	
260 − 90 =	170
170 − 5 =	165
260 − 95 =	

Es sind noch ▢▢▢ Plätze frei.

2

310 − 25	230 − 51	440 − 62
310 − 20 =	230 − 50 =	− 60 =
− 5 =	− 1 =	− 2 =
310 − 25 =	− =	− =

190 − 99	650 − 78	250 − 97
190 − 90 =	− 70 =	− 90 =
− =	− =	− =
− =	− =	− =

3

560 − 73	730 − 44	820 − 36
− =	− =	− =
− =	− =	− =
− =	− =	− =

190 − 95	650 − 76	460 − 88
− =	− =	− =
− =	− =	− =
− =	− =	− =

1: Lösungsweg nachvollziehen.   2, 3: Subtrahieren nach erarbeiteter Schrittfolge.

Addieren dreistelliger Zahlen ohne Überschreiten des Hunderters

1 Im Schwimmbad sind 260 Erwachsene und 120 Kinder.
Wie viele Personen sind im Schwimmbad?

260 + 120	
260 + 100 =	360
360 + 20 =	380
260 + 120 =	

Tipp: Zerlege 120 in 100 und 20.

Im Schwimmbad sind ___ Personen.

2 a)
210 + 140
210 + 100 =
____ + 40 =
210 + 140 =

b)
340 + 210
____ + 200 =
____ + 10 =
____ + ____ =

c)
260 + 220
____ + 200 =
____ + ____ =
____ + ____ =

d)
420 + 370
____ + 300 =
____ + ____ =
____ + ____ =

e)
430 + 330
____ + ____ =
____ + ____ =
____ + ____ =

f)
710 + 280
____ + ____ =
____ + ____ =
____ + ____ =

g)
760 + 220
____ + ____ =
____ + ____ =
____ + ____ =

h)
520 + 370
____ + ____ =
____ + ____ =
____ + ____ =

1: Lösungsweg nachvollziehen.   2: Addieren nach erarbeiteter Schrittfolge.

1 Am Samstag waren 480 Besucher im Museum. Am Sonntag kamen nur 320 Besucher. Wie viele Besucher waren insgesamt am Wochenende im Museum?

480 + 320
480 + 300 = ☐☐☐
☐☐☐ + 20 = ☐☐☐
480 + 320 = ☐☐☐

Tipp! Erst die Hunderter addieren, dann die Zehner addieren.

Am Wochenende waren ☐☐☐ Besucher im Museum.

2 Rechne bis zum vollen Hunderter.

a) 370 + 130

b) 290 + 210

c) 780 + 120

d) 550 + 350

e) 240 + 360

f) 180 + 620

g) 550 + 250

h) 690 + 110

1: Lösungsweg nachvollziehen.   2: Addieren dreistelliger Zahlen bis zum vollen Hunderter.

Addieren dreistelliger Zahlen mit Überschreiten des Hunderters

1 Im Theater sitzen schon 290 Zuschauer auf ihren Plätzen.
Es werden noch 140 Besucher eingelassen.
Wie viele Besucher sind dann im Theater?

290 + 140
290 + 100 = 390
390 + 40 = 430
290 + 140 = ☐☐☐

Tipp! Addiere erst die Hunderter und dann die Zehner.

Im Theater sind dann ☐☐☐ Besucher.

2 a) 260 + 150

☐☐☐ + ☐☐☐ = ☐☐☐
☐☐☐ + ☐☐☐ = ☐☐☐
☐☐☐ + ☐☐☐ = ☐☐☐

b) 350 + 260

☐☐☐ + ☐☐☐ = ☐☐☐
☐☐☐ + ☐☐☐ = ☐☐☐
☐☐☐ + ☐☐☐ = ☐☐☐

c) 480 + 180

☐☐☐ + ☐☐☐ = ☐☐☐
☐☐☐ + ☐☐☐ = ☐☐☐
☐☐☐ + ☐☐☐ = ☐☐☐

d) 190 + 180

☐☐☐ + ☐☐☐ = ☐☐☐
☐☐☐ + ☐☐☐ = ☐☐☐
☐☐☐ + ☐☐☐ = ☐☐☐

e) 650 + 260

☐☐☐ + ☐☐☐ = ☐☐☐
☐☐☐ + ☐☐☐ = ☐☐☐
☐☐☐ + ☐☐☐ = ☐☐☐

f) 560 + 250

☐☐☐ + ☐☐☐ = ☐☐☐
☐☐☐ + ☐☐☐ = ☐☐☐
☐☐☐ + ☐☐☐ = ☐☐☐

g) 330 + 290

☐☐☐ + ☐☐☐ = ☐☐☐
☐☐☐ + ☐☐☐ = ☐☐☐
☐☐☐ + ☐☐☐ = ☐☐☐

h) 690 + 290

☐☐☐ + ☐☐☐ = ☐☐☐
☐☐☐ + ☐☐☐ = ☐☐☐
☐☐☐ + ☐☐☐ = ☐☐☐

1: Lösungsweg nachvollziehen.   2: Addieren nach erarbeiteter Schrittfolge.

1 Die Schule führt ein Zirkusprojekt durch. Es sind 2 Vorführungen geplant. Beide Vorführungen sind mit jeweils 240 Zuschauern ausverkauft. Wie viele Zuschauer kommen insgesamt?

Antwort: _____

2 Frau Meier kauft einen Fernseher für 340 € und ein Tablet für 150 €. Wie viele Euro bezahlt Frau Meier insgesamt?

Antwort: _____

3 Verdopple.

a)
110	120	130	140	150	210	220	230	240	250

b)
310	320	330	340	350	410	420	430	440	450

4 a) Addiere 350 und 130. b) Addiere 460 und 240.

5 Ein Summand heißt 410. Der andere Summand heißt 390. Berechne die Summe.

Erinnere dich:
26 + 4 = 30
Summand Summand Summe

Subtrahieren dreistelliger Zahlen ohne Überschreiten des Hunderters

[1] Der Fischhändler erhält 570 Fische.
Davon verkauft er 250 Fische.
Wie viele Fische hat er noch?

570 − 250	
570 − 200 =	370
370 − 50 =	320
570 − 250 =	

Er hat noch ⬚ Fische.

Tipp: Zerlege 250 in 200 und 50.

[2] a) 350 − 120
350 − 100 =
⬚ − 20 =
350 − 120 =

b) 490 − 230
⬚ − 200 =
⬚ − 30 =
⬚ − ⬚ =

c) 760 − 430
⬚ − ⬚ =
⬚ − ⬚ =
⬚ − ⬚ =

d) 660 − 350
⬚ − ⬚ =
⬚ − ⬚ =
⬚ − ⬚ =

e) 480 − 170
⬚ − ⬚ =
⬚ − ⬚ =
⬚ − ⬚ =

f) 290 − 180
⬚ − ⬚ =
⬚ − ⬚ =
⬚ − ⬚ =

g) 750 − 330
⬚ − ⬚ =
⬚ − ⬚ =
⬚ − ⬚ =

h) 890 − 370
⬚ − ⬚ =
⬚ − ⬚ =
⬚ − ⬚ =

1: Lösungsweg nachvollziehen.   2: Subtrahieren nach erarbeiteter Schrittfolge.

1 Der Ort Waldhausen hat 430 Einwohner. Davon sind 330 Erwachsene.
Wie viele Kinder wohnen in Waldhausen?

430 −	330	
430 −	300 =	130
130 −	☐☐ =	☐☐☐
430 −	330 =	☐☐☐

430 −	330	
430 −	30 =	400
400 −	☐☐☐ =	☐☐☐
430 −	330 =	☐☐☐

In Waldhausen wohnen ☐☐☐ Kinder.

2 370 − 170

590 − 290

3 880 − 180

550 − 350

4 360 − 260

620 − 320

5 a) Subtrahiere 570 von 770.   b) Subtrahiere 340 von 940.

Subtrahieren dreistelliger Zahlen mit Überschreiten des Hunderters

[1] Dennis hat 360 € gespart.
Ein Mountainbike kostet 520 €.
Wie viel muss er noch sparen?

520 € − 360 €	
520 € − 300 € =	220 €
220 € − 60 € =	160 €
520 € − 360 € =	___ €

Tipp!
Zerlege in Hunderter und Zehner.
Subtrahiere erst die Hunderter.
Subtrahiere dann die Zehner.

Dennis muss noch ___ Euro sparen.

[2]
a) 330 − 140
330 − 100 =
___ − 40 =
___ − ___ =

b) 430 − 180
___ − 100 =
___ − 80 =
___ − ___ =

c) 560 − 190
___ − ___ =
___ − ___ =
___ − ___ =

d) 650 − 280
___ − ___ =
___ − ___ =
___ − ___ =

e) 660 − 380
___ − ___ =
___ − ___ =
___ − ___ =

f) 310 − 130
___ − ___ =
___ − ___ =
___ − ___ =

g) 750 − 270
___ − ___ =
___ − ___ =
___ − ___ =

h) 970 − 590
___ − ___ =
___ − ___ =
___ − ___ =

1: Lösungsweg nachvollziehen.   2: Subtrahieren nach erarbeiteter Schrittfolge.

Addieren und Subtrahieren

1 a) 250 + 50 =
350 + 50 =
450 + 50 =
550 + 50 =

b) 250 + 150 =
350 + 150 =
450 + 150 =
550 + 150 =

c) 250 + 150 =
250 + 250 =
250 + 350 =
250 + 450 =

2 a) 370 − 40 =
370 − 50 =
370 − 60 =
370 − 70 =

b) 370 − 170 =
470 − 170 =
570 − 170 =
670 − 170 =

c) 770 − 170 =
770 − 270 =
770 − 370 =
770 − 470 =

3 a)

5 6 0 − 6 0 =
5 5 0 − 6 0 =

b)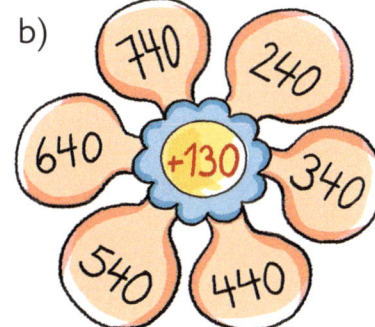

2 4 0 + 1 3 0 =
3 4 0 + 1 3 0 =

c)

2 3 0 − 2 3 0 =
3 3 0 − 2 3 0 =

4 a)

300	
250	50
240	
230	
220	

b)

1000	
950	
850	
750	
650	

c)

500	
420	
320	
220	
120	

1, 2: Analogien beim Addieren und Subtrahieren erfassen.   3: Aufgaben bilden und lösen.   4: Rechenhäuser lösen.

1 a) 560 + 40 =   b) 480 + 10 =   c) 790 + 100 =
660 + 40 =   480 + 20 =   790 + 110 =
760 + 40 =   480 + 30 =   790 + 120 =
860 + 40 =   480 + 40 =   790 + 130 =

2 a) 570 − 50 =   b) 460 − 150 =   c) 1000 − 50 =
570 − 60 =   460 − 160 =   1000 − 60 =
570 − 70 =   460 − 170 =   1000 − 70 =
570 − 80 =   460 − 180 =   1000 − 80 =

3 840 − 140 =   1000 − 200 =   830 − 130 =
840 − 150 =   1000 − 210 =   830 − 140 =
840 − 160 =   1000 − 220 =   830 − 150 =
840 − 170 =   1000 − 230 =   830 − 160 =

4 Färbe die Aufgabenzettel passend zum Lösungsumschlag.

450 + 50   910 + 90   600 + 50   250 + 250   890 + 110

700 − 50   630 − 130   1000 − 0   1000 − 350   880 − 230

5 Freundeaufgabe – Aufgaben finden

Wählt immer 2 Zahlen aus und bildet damit Aufgaben mit **+** oder mit **−**.
Das Ergebnis jeder Aufgabe muss 700 sein.
Wer die meisten Aufgaben findet, ist Sieger.

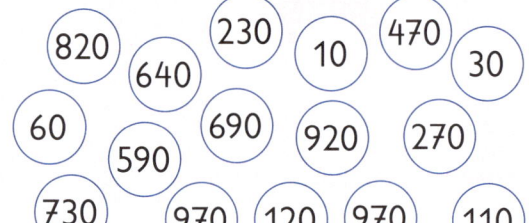

1 bis 3: Addieren und Subtrahieren. Analogien erfassen.   4: Addieren und Subtrahieren. Lösungen zuordnen.
5: Freundeaufgabe – Additions- und Subtraktionsaufgaben mit dem Ergebnis 700 bilden.

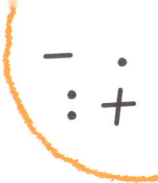

1
	390	10
	420	200
	950	50
	1000	0

2
	100	490
	0	990
	430	70
	90	910

3
| 860 | |
| 500 | |

| 500 | |
| 270 | |

| 790 | |
| 710 | |

| 1000 | |
| 0 | |

4
| 880 | |
| | 80 |

| 790 | |
| | 700 |

| 500 | |
| | 250 |

| 1000 | |
| | 910 |

5
| 200 | |
| | 130 |

| 1000 | |
| 1000 | |

| 700 | |
| 630 | |

| 1000 | |
| | 999 |

6 a) 280 + 20 = ☐ + 40 = ☐ + 30 = ☐ + 30 = 400

b) 1000 − 60 = ☐ − 200 = ☐ − 40 = ☐ − 150 = 550

c) 650 + 50 = ☐ − 500 = ☐ + 250 = ☐ + 550 = 1000

1 bis 5: Rechenmauern lösen.
6: Aufgabenschlangen lösen.

Kann ich das schon?

[1] 230 + 70 =   350 + 200 =   640 + 140 =

410 + 50 =   620 + 300 =   450 − 150 =

120 + 80 =   570 + 420 =   1000 − 90 =

590 + 10 =   630 + 250 =   770 + 230 =

[2] 550 − 50 =   770 − 250 =   1000 − 90 =

890 − 80 =   460 − 160 =   470 − 430 =

1000 − 120 =   520 − 420 =   280 + 220 =

900 − 450 =   600 − 370 =   110 + 890 =

[3] a) 2 5 0 + 3 7 0   4 3 0 + 3 9 0

b) 7 6 0 − 5 8 0   9 7 0 − 6 9 0

[4] Rechne und färbe passend. 4x , 4x , 4x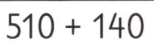

| 530 + 120 | 570 − 220 | 400 − 50 | 990 − 640 |

| 950 − 650 | | | 990 − 690 |

| 1000 − 700 | | | 450 − 150 |

| 510 + 140 | 150 + 150 | 140 + 160 | 310 + 40 |

86

1 Überprüfe mit dem Geodreieck.

a) Welche Geraden sind zueinander senkrecht?

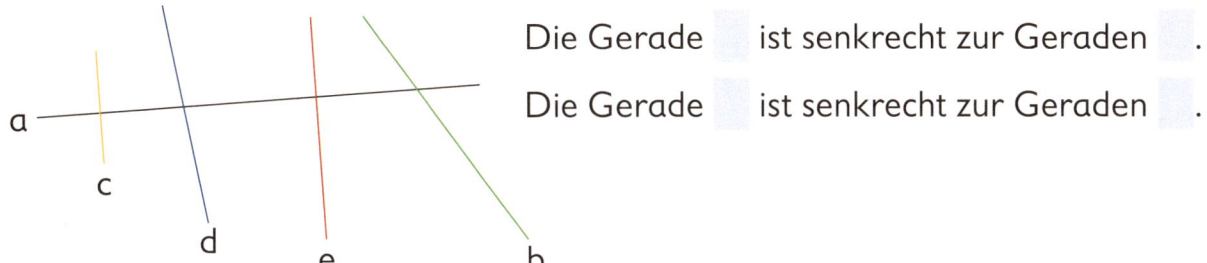

Die Gerade ☐ ist senkrecht zur Geraden ☐ .

Die Gerade ☐ ist senkrecht zur Geraden ☐ .

b) Welche Geraden sind zueinander parallel?

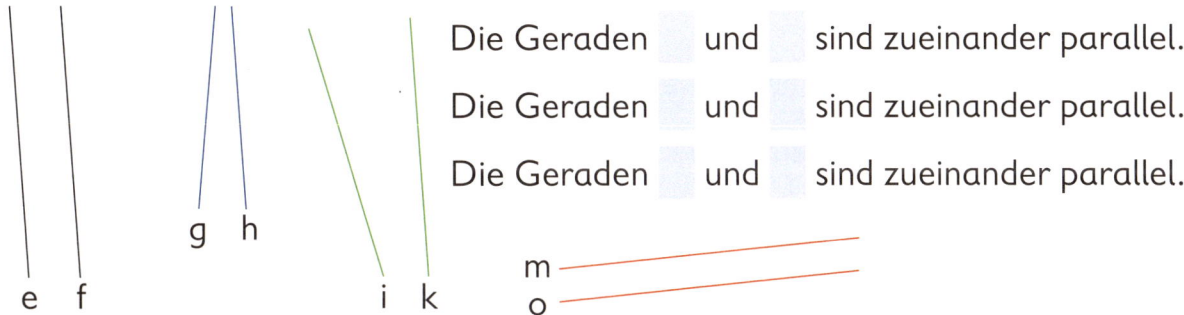

Die Geraden ☐ und ☐ sind zueinander parallel.

Die Geraden ☐ und ☐ sind zueinander parallel.

Die Geraden ☐ und ☐ sind zueinander parallel.

2 Wie lang sind die Strecken?

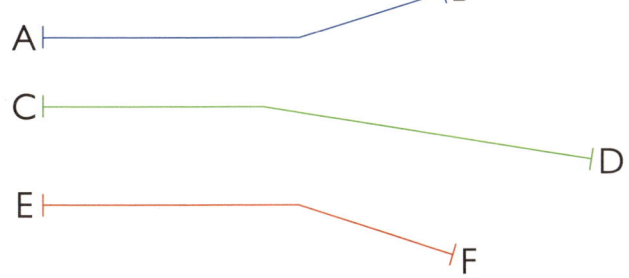

$\overline{AB}$: ☐ cm ☐ mm = ☐,☐ cm

$\overline{CD}$: ☐ cm ☐ mm = ☐,☐ cm

$\overline{EF}$: ☐ cm ☐ mm = ☐,☐ cm

3

10,25 m = ☐ m ☐ cm   8,12 m = ☐ cm   645 cm = ☐,☐ m

2,15 m = ☐ m ☐ cm   9,25 m = ☐ cm   391 cm = ☐,☐ m

28,30 m = ☐ m ☐ cm   4,08 m = ☐ cm   1000 cm = ☐,☐ m

4 Wandle um.

537 cm	5 m 37 cm	5,37 m
613 cm		
912 cm		
880 cm		

202 cm	☐ m ☐ cm	☐ m
403 cm		
910 cm		
100 cm		

Kilometer

1

Tina läuft **einen Kilometer** bis zur Schule und 2 km bis zum Spielplatz.

MERKE DIR

1 Kilometer = 1 km
1 m = 1000 m

Wie viele Minuten benötigt sie

a) von zu Hause bis zum Spielplatz? ___ min

b) von der Schule bis zum Spielplatz? ___ min

2 Wegweiser und Hinweisschilder in der Umwelt. Lies die Kilometer.

| Höhle   5 km | Schlucht 10 km | Schloss   15 km |
| Burg   3 km | Talsperre 12 km | |

a) Wie viel km ist die Schlucht weiter entfernt als die Burg? ___ km

b) Welche Strecke ist dreimal so lang wie die Strecke zur Höhle? ___ km

Antwort: _____

3 Berechne die Entfernungen zwischen:

a) Nürnberg und Berlin

___ km + ___ km = ___ km

b) Köln und Berlin

___ km + ___ km = ___ km

c) Leipzig und Hamburg

___ km + ___ km = ___ km

d) Hamburg über Köln nach München

___ km + ___ km = ___ km